高校学术文库
体育研究论著丛刊

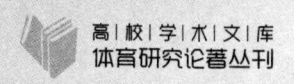

跆拳道运动文化
与技能教学研究

潘瑞成 著

中国书籍出版社
China Book Press

图书在版编目(CIP)数据

跆拳道运动文化与技能教学研究/潘瑞成著.—北京：
中国书籍出版社,2018.5
ISBN 978-7-5068-6893-8

Ⅰ.①跆… Ⅱ.①潘… Ⅲ.①跆拳道－体育文化－研究
②跆拳道－运动训练－教学研究　Ⅳ.①G886.9

中国版本图书馆 CIP 数据核字(2018)第 118942 号

跆拳道运动文化与技能教学研究

潘瑞成　著

丛书策划	谭　鹏　武　斌
责任编辑	牛　超
责任印制	孙马飞　马　芝
封面设计	崔　蕾
出版发行	中国书籍出版社
地　　址	北京市丰台区三路居路 97 号(邮编:100073)
电　　话	(010)52257143(总编室)　(010)52257140(发行部)
电子邮箱	chinabp@vip.sina.com
经　　销	全国新华书店
印　　刷	三河市铭浩彩色印装有限公司
开　　本	710 毫米×1000 毫米　1/16
印　　张	15.75
字　　数	204 千字
版　　次	2018 年 10 月第 1 版　2018 年 10 月第 1 次印刷
书　　号	ISBN 978-7-5068-6893-8
定　　价	64.00 元

版权所有　翻印必究

目 录

第一章　跆拳道运动文化基本知识概述 …………………… 1
　第一节　跆拳道的概念 …………………………………… 1
　第二节　跆拳道的起源与发展 …………………………… 1
　第三节　跆拳道的特点及功能 …………………………… 13
　第四节　跆拳道基本动作术语与礼仪 …………………… 16

第二章　跆拳道运动的学科理论基础 …………………… 26
　第一节　运动生理学基础 ………………………………… 26
　第二节　运动心理学基础 ………………………………… 41
　第三节　运动学基础 ……………………………………… 50

第三章　跆拳道技能教学基本理论 ……………………… 56
　第一节　跆拳道技能教学的基本特点与要求 …………… 56
　第二节　跆拳道技能教学的阶段与步骤 ………………… 60
　第三节　跆拳道技能教学方法与手段 …………………… 65
　第四节　跆拳道技能教学原则 …………………………… 80
　第五节　跆拳道技能教学的组织与实施 ………………… 88

第四章　跆拳道技能教学研究 …………………………… 93
　第一节　跆拳道技能教学的内容 ………………………… 93
　第二节　跆拳道技能教学课的任务与结构 ……………… 95
　第三节　跆拳道品势教学 ………………………………… 97
　第四节　跆拳道技能教学文件的设计 …………………… 101

第五节　跆拳道技能教学成绩考核 …………………… 107

第五章　跆拳道技能训练的科学保障体系研究 …………… 111
　　　第一节　跆拳道技能训练与科学营养保障 …………… 111
　　　第二节　跆拳道技能训练与运动保健保障 …………… 116
　　　第三节　跆拳道技能训练与科学医务监督 …………… 126
　　　第四节　跆拳道技能训练过程的科学监控 …………… 133

第六章　跆拳道基本技术教学 ……………………………… 155
　　　第一节　跆拳道进攻技术分析及学练方法 …………… 155
　　　第二节　跆拳道防守技术分析及学练方法 …………… 179

第七章　跆拳道基本战术教学 ……………………………… 186
　　　第一节　跆拳道战术的基本形式 ……………………… 186
　　　第二节　跆拳道战术训练的方法 ……………………… 193
　　　第三节　跆拳道战术实战能力训练 …………………… 202

第八章　提高跆拳道运动技能的方法 ……………………… 209
　　　第一节　脚靶训练法 …………………………………… 209
　　　第二节　护具训练法 …………………………………… 220
　　　第三节　空击结合步法训练法 ………………………… 230
　　　第四节　综合训练法 …………………………………… 235

参考文献 ……………………………………………………… 243

第一章 跆拳道运动文化基本知识概述

跆拳道是奥运会正式比赛项目之一,由于其所具有的独特魅力和特点,吸引了越来越多年轻人的参与,在世界各地拥有广泛的群众基础。同其他运动一样,除了作为竞技项目外,跆拳道也是大众健身的重要手段之一。本章就跆拳道运动文化基本知识进行阐述。

第一节 跆拳道的概念

跆拳道是指一种起源于朝鲜半岛的格斗术,主要利用手脚等部位进行搏击对抗,是一项注重礼仪修养的舞蹈体育运动。

在跆拳道中,"跆"是指用脚踢;"拳"是指用拳击打;"道"是指运用方法,是一种精神文化的心得与修养。跆拳道是一种拳脚并用的运动,在竞技跆拳道中,由于主要是以脚为主,又将其称为"脚的技术"。

第二节 跆拳道的起源与发展

一、跆拳道的起源

在古代朝鲜的原始社会后期,随着社会生产力的发展,私有制的萌发,剩余生产物质的出现,在氏族部落中产生了族长或首领占有和继承剩余物质的制度,氏族内部的贫富差距由此出现,并将原始氏族公社制度引向崩溃,从而产生了阶级。随后,为争夺奴隶和领土的氏族部落之间的战争爆发。出于战争的需要,大量的生产工具转化为相互厮杀的武器;生产技能也随之转化为军事技能。同时也渐渐使军事格斗技能更为专门化,形成了独立的技术领域,这对后来跆拳道的形成、发展、完善产生了深刻的影响。

此外,朝鲜半岛跆拳道的渊源与宗教祭祀、教育娱乐也有着密切的关系。原始宗教的主要形式——巫术与图腾崇拜常常通过原始的武舞来体现。在古代朝鲜半岛进入农耕时代后,逐渐形成了崇拜祖先,崇拜天神、太阳、山岳、树木、江河、动物等原始信仰。每年五月下种,十月秋收之后,广大民众群聚起来祭祀天地神灵也成为定制。各部族的祭礼相似而名称各异,如扶余的"东盟"、马韩的"十月祭"、高句丽的"舞天"、新罗的"伽俳"等都是祭祀天地神灵大会的称谓。与古希腊奥林匹亚祭礼相似,在祭礼之后都要进行各种技艺的表演和竞技,向天地神灵表示敬意;欢庆丰收并祈求来年风调雨顺、平安吉祥;同时此类活动还兼有教育的作用,主要体现在向年轻一代传授各种生产与军事技能;通过这类活动来对武士和氏族部落新的领导人进行选拔。作为萌芽状态中的武艺,自然是角逐的主要项目之一。在这种环境下,原始的武艺逐步发展完善,形成了一种融知识、技能、身体训练和习惯培养等为一体的多功能活动。

二、跆拳道的发展

(一)三国时期的跆拳道运动

公元前1世纪左右,朝鲜半岛出现了高句丽、百济、新罗三个王国相互对抗的时代,这就是朝鲜半岛历史上著名的三国时期。

第一章　跆拳道运动文化基本知识概述

它是朝鲜半岛从奴隶制向封建制过渡和封建社会上升的重要时期。在700余年的时间里,三国之间为争夺领土而不断引发战乱,纷争四起,社会基本处于动荡不安的状态,因而三国都极为注重武艺的军事价值。在朝鲜古代文献《三国史记》87人的传记中,具有武士身份的就有60人,占总人数的69%,这种社会环境极大地促进了军事武艺技能的发展和武士团体的出现,以适应战争的需要。同时也为跆拳道的发展提供和创造了极为有利的条件。

1. 高句丽的跆拳道运动(公元前37年—公元668年)

高句丽建国于公元前37年,公元668年被新罗以武力征服,存国731年。西、北部与中国接壤,南与百济、新罗相连。

高句丽在三国中建国最早,国力最为强盛。它北拒中国,南进攻击百济、新罗,扩张领土。在这个过程中,主要依靠其强大的军事力量。因此,高句丽历代统治者都很重视武士的选拔和强化军事训练。据《三国史记》记载:"高句丽每年在春天三月会猎于乐浪之丘"进行军事训练和通过狩猎及各种武艺竞技来选拔武士;在高句丽,著名的"先辈"(或称"仙人",是一种对武士的尊称)就是在"臣苏涂"祭坛前选拔出来的勇敢而优秀的武士。除此之外,还有专门为培养武士和文职人员特设的"扃堂"(庶民子弟专用)和"太学"(贵族子弟专用)。作为一种制度,这些武士们组成团体,享受国家俸禄,平时聚集在一起读书习武,农耕渔猎,筑城修路;战时奉诏入伍,征战沙场,为国家献身。跆拳(手搏)与射箭、摔跤(角抵)等技艺是他们必备的训练和考核、选拔的主要项目。目前对高句丽王朝的考古发掘显示:跆拳道(雏形)在高句丽时代已相当普及,成为广大民众茶余饭后、喜庆节日休闲娱乐的主要活动内容,与日常生活密不可分。从中国吉林省集安市发掘出土的高句丽古墓中(公元4世纪左右),发现在其中的三室冢第三室西壁上绘有武士徒手练武图,舞踊冢玄室和主室的顶部均绘有武士徒手对抗的练武图,还有角抵冢中的角抵壁画,既有个人的单练,也有两人的对练。从绘画中我们可以想象:在蓝天碧云、阳光灿烂的大树下,一对对选手正在众多围观者的簇拥下,进行各种武艺的较量,两人之间还站着一个类似裁判员的人,在众人的喝彩声中充分体现出他们雄赳赳的气势,展现了高句丽人民奋发图强、勇敢拼搏的精神和高超的技艺。从这些壁画的初步分析中,我们可以看出在当时,高句丽的手搏、摔跤活动像狩猎一样普及,在军队及上层社会相当流行,已成为人们日常生活的组成部分。手搏与摔跤不同,虽然都是徒手较技,但方式方法各异,说明徒手搏击技术已发展到相当高的水平,技击术的分类也越来越细和专门化。壁画中的手搏图与中国东汉时期(河南打虎亭出土的东汉壁画)的手搏相比较,无论是名称、动作还是人物图像几乎相同,虽然在时间上相隔数百年,但仍然可以看到古代朝鲜半岛的手搏(跆拳)与中国的古代手搏有着密切的联系。一个拥有强大军事力量的高句丽王国,赋予跆拳道勃勃生机,为丰富、完善、普及跆拳道提供了良好的社会环境和扎实的基础。

2. 百济的跆拳道运动(公元前13年—公元660年)

百济兴起于公元前13年,建国约在公元18年。国土位于朝鲜半岛西南部(汉江以南地区)。至公元400年左右,百济壮大成为拥有今天的黄海道至全罗道南海的广阔肥沃土地的王国。建国初期定都于汉江南岸的广州(京畿道),公元475年迁都于熊津(忠清南道公州),公元538年再迁都于泗沘(忠清南道扶余)。公元660年被新罗灭亡。

百济是当时三国中实力最弱的国家(从其三迁首都可以看出),出于保卫国家不受外来势力侵略的目的,同时也从吞并邻近小国的需要出发,必须拥有强大的常备武力。因此,百济历代国王都很推崇武艺,重视培养、训练武士,并且百济民间百姓大众也深爱骑马、射箭和"便战戏"等具有武艺内容的娱乐活动。据《三国史记》中记载:每年九月在都城"西台"这个地方都要举行弓射大会,进行骑马、射箭、跆跟(原始跆拳道)等武艺的比赛,特别是"便战戏"这种集竞技、观赏、娱乐于一体的比赛形式,深受百济民

第一章 跆拳道运动文化基本知识概述

众的喜爱,可以认定是现代跆拳道的一种雏形。另据《海东韵记》中记载:类似手搏的"手癖(臂)打"这种技法,在当时百济的军队与民间都很盛行,用于训练和娱乐。

3. 新罗的跆拳道运动(公元前57年—公元918年)

新罗,原名沙罗(或称"徐罗伐"),后更名为新罗。它是由辰韩的封建势力于公元前57年在朝鲜半岛的东南部兴起,约在公元2世纪前后建国。其领土在庆尚道东部和江原道的一部分地区,定国都于庆州。

一开始因为国力弱小,新罗会主动避开与高句丽和百济的冲突,采取与高句丽联合的国策,有时甚至派王族成员到高句丽作人质,以换取高句丽的支持与援助。在四面强敌的包围下,新罗的统治者励精图治,为了富国强兵,在大力发展社会生产力的同时,对军事也特别重视,加强了军队的建设和对民众的武艺训练。新罗的武士们崇尚武艺,经常举行射箭、鞠蹴、角抵、骑马、狩猎、秋千等活动,在每年的7月16日至8月15日这一个月的时间里,举行全国性的类似于现代狂欢节日的大型体育娱乐活动,这种将军事技能和歌舞转化为体育化的活动,统称为"伽俳"。在真兴王37年(公元576年),新罗效仿高句丽的"仙人"制度,组织了"花郎道"。花郎道又称"国仙道""风月道""源花道""风流道",是由当时封建贵族子弟中品貌端庄者组成的准武士团体。其主要宗旨是对青少年进行道德伦理、忠君爱国的教育,培养能够为封建统治阶级服务的文武兼备的官吏。据申采诰《朝鲜上古史》记载:国仙花郎的选拔,要在"臣苏涂"祭坛前进行手搏、击剑、射箭、骑马等武艺以及典籍、学识的考试,优秀者方能入选。平时"相磨以道义,相悦以歌乐,游娱山川而无远不至";战时以身殉国、杀身成仁,正是他们生活的真实写照。他们经常利用各种聚会相互切磋、磨炼武艺,弘扬武士精神。圆光法师为花郎道制定的"事君以忠、事亲以孝、交友以信、临战无退、杀生有择"的"世俗五戒"为其宗旨,同时也是"花郎道"武士的精神所在。从此中可以看到中国的儒、佛思想对朝鲜半岛文化的深刻影响,直至今天,跆拳道的精神也是与之一脉相承的。

佛教是新罗的国教,许多僧侣都是花郎出身,这可从善德女王3年(公元634年)建造的芬皇寺砖塔遗迹的守门佛像中金刚力士的原始跆拳道姿势造型中窥见一斑(与现代跆拳道极其相似)。在古籍《帝王韵记》中曾记载一个新罗的跆拳道活动实例:两人面相站立,踢击对方。此方法有三种,第一种是踢对方的腿;第二种是技术稍熟练的人踢对方的肩膀;第三种是高水平的人踢对方的发髻。此外,还有手掰打、拳白、打击等活动的记载。由此可知,类似现代跆拳道的武艺或技击术在新罗早已盛行的事实。

国力渐渐强大的新罗,与中国唐朝统治集团联合,于公元660年和668年先后征服了百济与高句丽,统一了朝鲜半岛,建立了与新罗王国一脉相承的新罗王朝。

(二)高丽时代的跆拳道运动

公元918年,开京的一个大封建势力泰封国的大臣王建,发动政变,颠覆泰封国,建立了新的王朝。从继承强国高句丽的意思出发,定国号为高丽,建都于开京(现在的开城)。使之成为朝鲜半岛历史上第一个统一的国家。世界历史发展过程中极其罕见的单一民族的国家就此诞生了,它上承三国、统一新罗、下启李朝,达到了朝鲜历史上封建社会的巅峰,经济和文化都得到了空前的发展和繁荣。

由于长期受到来自北方蒙古、女真、契丹等外来民族的侵扰和出于对其邻近小国进行武力征伐的需要,高丽历代国王都十分重视军队的建设,特别注重士兵与民众的武艺训练,"手搏"得到了很大发展。根据《高丽史》中关于"手搏"的记载,这一时期手搏的发展呈现出以下几个特点。

第一,手搏作为军事武艺,文臣武将都要经常习练,善手搏者都会得到赏赐或加官晋爵;不善手搏者往往会遭到歧视和同僚的讥讽、污辱。例如,"义旼善手搏,毅宗爱之,以队正升别将";权臣崔忠献"尝会客设宴,使重房有力者手搏,胜者即授校尉、队正以赏之"。如此情景之下,使得手搏在官员中普遍开展,得以盛行。上行下效,作为进身之阶,极大地鼓励了广大士兵和民众踊跃参与手搏的训练与竞技,使之成为高丽人民十分喜爱的竞技运动形式之一。

第二,历代国王均重视手搏的训练。例如,肃宗创建了一个号称"别武班"的军事组织,包括有神骑军、神步军和所谓的降魔军,其中大多数都是手搏(跆拳道)的高手。再如,忠惠王本人十分喜爱手搏,便要求他的军队特别是"禁卫军",必须进行具有跆拳道特点的"手搏"竞技运动练习,士兵们常用拳、掌、脚等身体部位击打墙壁、木块和砖瓦,以磨炼、提高上下肢及其他身体部位的攻击能力。同时,历代国王都经常观看手搏表演,对获胜者赏赐财物,对手搏运动起到了极大的推动作用。在此期间还出现了"五兵手搏戏"的集体对练的表演形式,使手搏具备了一定的娱乐观赏内容和价值。例如,忠惠王邀请武艺超群的士兵金振郝到宫中表演手搏技艺,在朝野上下极力推崇手搏技艺,使之声望大振,受到广大民众的喜爱和追捧。

第三,在此期间,手搏的威力大为提高,达到能够置人于死地的程度。《高丽史》中就有明确的记载:"李义民击椽、椽动""杜景升击壁、壁穿"和"李义民击人脊柱、人死"等,展现了手搏技艺的威武刚猛和高超技巧。

纵观高丽历史,可以说是手搏(跆拳道)发展的鼎盛时期,这一时期跆拳道得到进一步的完善,并逐渐走向成熟。

(三)李氏朝鲜王朝的跆拳道运动

公元1392年,高丽军队的右军指挥李成桂在鸭绿江江心的威化岛发动政变,带领军队打进首都,驱逐国王,取代高丽,建立了朝鲜李氏王朝,将首都由开京迁到汉阳(现在的首尔)。从此朝鲜进入了一个封建统治制度更臻完善、经济和文化显著发展的历史时期。

李氏王朝由于崇儒排佛,重文轻武。这一时期跆拳道没有得到官方的重视,军事武艺及跆拳道的发展失去了高丽时期的良好条件。但在民间却始终没有停止过"手搏""跆跟"这些跆拳道的初始技艺的活动。从《朝鲜王朝实录》和《东国兴地胜览》等文献的记载中可知:一方面"手搏"与"跆跟"这类活动在民间开展非常广泛、普及;另一方面官方对跆拳道活动的各类文字记载却极少(特别是对历代皇帝观赏此类活动的记载与描述)。即使有记载,如"鹊旨在郡(俪山)北十二里忠清道恩津县里,在每年的七月十五日,附近的广大民众都聚集在一起进行'手搏戏'的活动,以争胜负",也只是作为民俗活动形式的描述而已。实际上,在整个李氏王朝的中、后期,手搏已经成为娱乐游戏性的民俗活动形式之一,具备了一定的观赏价值。特别是火药在军事领域中的广泛运用,标志着冷兵器时代的结束。作为徒手技击术的手搏、跆跟等,自然在时代面前转变了其自身原有的价值取向,健身、娱乐、自卫等功能是其必然的选择。

　　然而,跆拳道作为一种武艺,又是广大民众深爱的民族传统竞技体育活动,它既具有明显的提高体能与战斗技能的作用,同时也是培养勇猛顽强作风及爱国主义精神的有效手段与途径。因此,在那样一个时代,无论统治者重视与否,广大民众和武士们仍然把手搏、跆跟作为自卫术和基本武艺,从事严格的训练,并在抗击日本倭寇、保家卫国的战斗中充分展现出来。同时国家在选取武士时仍把它作为重要的测试项目之一。据文献记载:一个人如果想做武官,就必须在晋升考试中使用手搏或跆跟技艺打倒3人以上。纵观李氏王朝的整个历史过程,我们不难发现,像手搏、跆跟这类搏击自卫术,虽然得不到官方的重视与推崇,但它依然受到军队士兵和广大民众的热爱,技艺也得到了进一步的发展与完善。在李氏王朝的后期,有关搏击自卫术的文字理论整理工作有了较大进展,公元1790年,李德懋、朴齐家、白东修三人奉正祖之命,汇编了《御定武艺图谱通志》。这是后世所公认的跆拳道代表作。此书主要参考了中国明朝抗倭名将戚继光的《纪效新书》,

记录了当时朝鲜半岛的24种武艺。它不仅收录了"手搏""跆跟"等徒手格斗技击术的一些技法、动作图解和关于这些徒手格斗技击术的源流、发展,而且还收录了多种器械的使用方法,并将很多其他域族的、技击性很强的武术技艺汇融于其中,使跆拳道的源流与发展在文字记录和理论上有了较为科学的记载和论述。因此,可以说李氏王朝是跆拳道集大成的发展时期,而且早期跆拳道的初步体系也在此期间逐渐形成。

(四)近代跆拳道运动

朝鲜李氏王朝末期,国内阶级矛盾不断激化,农民起义风起云涌,代表先进官僚阶层的开化派也在朝鲜半岛进行了资产阶级革命的尝试。与此同时,外来势力特别是日本帝国主义对朝鲜半岛虎视眈眈,处于内外交困的李氏王朝面临巨大的危机。1894年7月,日本帝国主义侵略军袭击并占领了朝鲜王宫,紧接着在朝鲜发动了对中国清王朝的战争,其结果是中国清王朝战败并退出朝鲜半岛。从此朝鲜半岛沦为日本帝国主义的殖民地。公元1905年,日本帝国主义强迫李氏王朝缔结了所谓的《乙巳保护条约》,进一步夺取了朝鲜的行政、司法、财政、警察权和解散了为数不多的朝鲜军队。公元1910年8月,日本帝国主义完全占领了朝鲜半岛,所谓"韩日合邦"的殖民傀儡政权取代了李氏王朝,立国518年的李氏王朝就此结束了其历史使命。

殖民时期,日本在朝鲜实行"武断政治",为推行殖民政策,一度下令禁止所有的朝鲜文化活动,特别是对广大民众习练军事武艺和进行某些民俗活动又恨又怕,跆拳道的发展也因此受挫而转入民间秘密发展。其传承只能在父子、师徒中隐蔽地传播与相授。《梅泉野录》记载:"京师旧俗,以正月上旬聚南门外及五江上下,分队投石搏击赌胜,其死伤者设之为常,谓之便战,十数日不散,至是倭恶其习武,派兵严禁,而终不戢,至发炮射击,仅以散之"便是例证。跆拳道曾一度与日本空手道(KARATE)同名,日本帝国主义的殖民政策可见一斑。在此期间,大量的朝鲜人被迫背井离乡,流浪到中国、日本及世界各地,其中不乏一些身怀绝技的跆拳道高手。他们将中国的武术、日本的空手道等各国的武艺与跆拳道技艺糅合在一起,使之得以保存下来,从而使跆拳道技法、技巧、技能得到了充实与发展,逐渐形成了跆拳道新的技术体系。正因为如此,跆拳道被人们认为是经过东亚文化熏陶的韩国"国技"。

1945年8月15日,日本宣布投降,朝鲜独立。大量流浪在国外的朝鲜人返回家园,他们将国外新的武艺带回了朝鲜,与当地拳师一起,在继承和发扬原则的指导下,将各种武艺与跆拳道技法融为一体,去伪存真,促使现代跆拳道的基础体系逐渐形成。

(五)现代跆拳道运动

进入20世纪50年代,摆脱了日本帝国主义殖民统治的韩国跆拳道也进入了新的发展时期,各式道馆(场)如雨后春笋般地在韩国各地诞生,如"青涛""彰武""正道""武道""韩武""智道""松武""吾道"等吸引了许多青少年习武健身。可是,由于派系林立,内部矛盾重重,对跆拳道的解读各执一词;对跆拳道的名称认定众说纷纭:"托肩""退骞""手搏""跆肩""唐手""空手"等,十分混乱,在此情形之下,崔泓熙、李锺佑、蔡叔命3人基于以下原因开始重整跆拳道。

(1)将日本殖民主义教育的毒害与影响彻底清除。

(2)重新认识民族传统文化。

(3)重塑国民形象,振奋民族精神。

(4)整合、统一、规范朝鲜武艺,开始了对朝鲜半岛现有武艺的整理。

在继承、弘扬、革新、发展的原则指导下,确立了以技击、品势、竞赛为特点的现代跆拳道运动,标志着跆拳道迈向科学化、体系化、民族化、国际化发展的新里程。1950年组建跆拳道协会;1955年统一跆拳道名称;1959年成立大韩唐手道协会,后更名为大韩跆拳道协会。1972年11月30日,大韩跆拳道中央道场"国

第一章 跆拳道运动文化基本知识概述

技院"成立,跆拳道进入了一个空前繁荣、迅速发展的新时期。

自20世纪50年代开始,韩国政府为了重塑国民形象,振奋民族精神,在全国大力推广、开展跆拳道运动。进入20世纪60年代以来,韩国经济复苏,国力增强,政府及有识之士受日本向国外推广柔道运动并最终成为奥运会项目的启发,开始有计划、有步骤地向海外推广跆拳道运动。经过几十年的努力,这个被称为韩国"国技"的运动项目在世界各国遍地开花,蓬勃发展。目前全世界有170多个国家和地区约7 000万人从事跆拳道的学习和训练。

1973年,世界跆拳道联盟(WORLD TAEKWONDO FDERATION,即WTF)成立,现有会员国近170个。现任主席为韩国人赵正源。跆拳道目前已相继进入包括奥运会在内的几乎所有重大国际比赛和体育组织:1975年世界跆拳道联盟加入国际体育单项联合会;1980年世界跆拳道联盟获得国际奥委会的承认,跆拳道运动进入国际奥委会大家庭,开始为成为奥运会正式比赛项目而努力。跆拳道于1986年列入亚运会正式比赛项目;1987年进入泛美运动会、全非洲运动会及东亚运动会的正式比赛项目;1988年、1992年、1996年3次列入奥运会表演项目;1994年在法国巴黎召开的国际奥林匹克大会决议,跆拳道列入2000年悉尼奥运会正式比赛项目,设8枚金牌(男、女各4枚),从此以后,在历届奥运会中跆拳道都作为正式项目出现。此外,跆拳道也是世界大学生运动会、友好运动会、南美运动会、南太平洋运动会、世界军人运动会等一系列国际体育赛会的正式比赛项目。每两年举办一次跆拳道世界锦标赛和世界杯比赛已形成定式,同时,世界各国每年还举办各种类型的公开赛、邀请赛及城市杯赛,丰富的赛事,为普及跆拳道运动和提高跆拳道运动技术水平提供了广阔的平台。

目前,世界跆拳道联盟(WTF)(图1-1)与国际跆拳道联盟(ITF)(图1-2)是世界两大跆拳道组织。其中,世界跆拳道联盟主要是倡导以竞技为主、以品势为辅的与现代奥林匹克精神相符的现代竞技跆拳道技术体系。而作为一个非官方的民间组织,国际跆拳道联盟将恪守传统跆拳道作为宗旨,倡导以修炼品势为主,以竞技实战为辅的技术体系。这两大组织为跆拳道在世界各国的推广、普及作出了巨大的贡献。

图 1-1　　　　　　　　　图 1-2

三、中国跆拳道的发展

20 世纪 80 年代末,跆拳道由韩国的跆拳道组织以及从事中韩文化体育交流的友好人士通过各种不同的渠道传入中国,此后跆拳道运动在我国的部分省、市和体育院校尝试进行开展。1992 年 10 月,中国跆拳道协会筹备小组在北京成立,这标志着我国的跆拳道运动已经开始由民间行为走向有计划、有组织地纳入国家"全民健身计划"和"奥运争光计划"的序列。

1994 年 5 月,第 1 届全国跆拳道教练员和裁判员学习班在河北正定举办;并于同年 9 月在云南昆明举办了第 1 届全国跆拳道比赛,150 余位运动员代表 15 个单位参加了比赛。此次比赛从严格意义上来说,只能算是一次"摸底考试"。它让我们真正了解了我国目前跆拳道运动开展的现状:包括普及程度、参赛队伍的地域分布、师资力量、运动技术水平、裁判员的执裁能力及组织竞赛管理等,为今后的教学、训练、竞赛工作提供了依据。被正式列入国家体育竞赛体系的第 1 届全国跆拳道锦标赛于 1995 年 5 月在北京体育大学举行,有 22 支队伍、250 余名运动员参赛,从此,跆拳道运动在中国迅速发展起来并不断壮大,呈现出蓬勃生机。1995年8月,中国跆拳道协会正式成立,同年11月,中国跆拳道协会被世界跆拳道联盟接纳为正式会员。

自我国开展跆拳道运动以来,经过广大教练员、运动员、科研人员的辛勤努力和顽强拼搏,在起步晚、底子薄的情况下,截至目前,取得了包括奥运会金牌在内的辉煌战绩。跆拳道比赛目前已经列入全国运动会、全国城市运动会、全国大学生运动会等全国综合性运动会。每年除举办全国跆拳道锦标赛、冠军赛、青年赛、少年赛以外,还会举办一系列的精英赛、公开赛、邀请赛、分区赛、友谊对抗赛及国际性大赛。全国各大体育院校(系)相继开设了跆拳道本科教育专业课程,在一些院校当中还设置了跆拳道硕士研究生教育课程,并且已经形成了教学、训练、科研、竞赛的完整体系。

第三节 跆拳道的特点及功能

一、跆拳道的特点

(一)手脚并用,以腿为主

跆拳道主要以腿法为主,腿法在跆拳道运动中占70%。根据跆拳道的运动理论,腿的力量要比手臂的力量大得多,而且腿法攻击威力大、攻击的路线长,能够有效地保护自身容易遭受攻击的部位,并使这些部位如头和躯干等更好地远离对手的攻击范围;此外,踢法的使用也在跆拳道的比赛规则中得到很好的倡导和鼓励,如在比赛中限制拳法攻击的部位,限制拳法使用的种类。

以上这些都使得腿法成为跆拳道比赛中最主要的得分方法与手段,跆拳道也因其腿法的丰富精妙与灵活多变而举世闻名。

（二）直来直往，以刚制刚

在跆拳道比赛中，以躲闪作为防守的方法很少被采用，大多采用手臂、手掌、拳进行格挡防守，直接接触、以刚制刚，方法更加简练硬朗。在进行反击或者进攻的过程中，直线的连续攻击是经常被采用的，并配以连贯快速的腿法组合来对对手进行击打，注重击打的实效性，增加了对手的防守难度。

（三）功力测试，方法独特

跆拳道练习者经过系统的训练，可以使其四肢能够发挥出巨大的威力，令人生畏。因此，不能在竞技比赛中直接进行运用或将人体作为实验对象，而是只能拿石块、木板、砖瓦等没有生命的物体作为目标，以此来对练习者的功力程度进行检验。无论是在跆拳道表演、晋级考试还是在比赛或训练中，功力测试都是其中一个非常重要的内容，这同时也是跆拳道的一项重要特点。

（四）发声扬威，以气催力

无论是进行跆拳道品势练习还是进行相应的训练或比赛，练习者都应该具备威武磅礴的气势。

运动者发声要洪亮，要具有威慑力，这样才能将自身的能量完完全全地表现出来。通过发出声音，能够使自身的兴奋性得以提高，并使自身的注意力得以增强，从而使自己能够将全部精力投入到训练或比赛之中；通过发声，可以增强身体的爆发力，达到以气催力、提高攻击杀伤力的目的；通过发声，可以促使自身的斗志提高，以使自己能够从气势上压倒对手，从心理上给对手造成很大的压力；在演练和使用进攻动作的同时，通过发声可以一定程度上提高击打的效果，以此得到裁判员的认可，从而获得较高的得分。

（五）内外兼修，身心合一

跆拳道运动不仅强调身体的外在训练，同时还非常注重心智

第一章　跆拳道运动文化基本知识概述

的内在修炼,它要求内外同修,身心合一。

在跆拳道运动中,不管是进行比赛实践还是品势练习,动作只是其中的一种形式,它所承载的便是跆拳道所蕴含的精神、意念和文化,能够将练习者对跆拳道的理解和认知程度准确地反映出来。同时,在练习中,强调内力与外力的协调统一,以意引力,以气催力,才能使动作发出无坚不摧的威力。

(六)礼始礼终,谦和恭让

"礼"是跆拳道中最为重要的训练内容,它贯穿于跆拳道训练的整个过程之中。

"礼"所强调的是所有的跆拳道训练都应该从礼开始并以礼结束,要求将自己对队友、师长的感激和尊敬之情,通过行礼表达出来;此外,还要对自己的行为和习惯每时每刻都要进行培养,如培养自己和蔼、谦虚、忍让、谨慎等良好的礼仪习惯和行为规范。

二、跆拳道的功能

(一)修身养性,完善人格

跆拳道运动不仅推崇"以礼始、以礼终"的尚武精神,同时还将"礼义廉耻,忍耐克己,百折不屈"作为自身的宗旨。

跆拳道运动能够对人进行锤炼,有助于培养人的坚毅、果断顽强的精神,使人摒弃懦弱、软弱,从而培养良好的意志品质。同时,也能够促使人养成仁爱、谦虚、宽容、礼让的美德以及高尚的爱国主义情操。所以说,跆拳道在对人的品行和人格培养方面具有非常大的作用。

(二)健体防身,磨炼意志

跆拳道运动具有很强的对抗性,它紧张激烈,对于人的力量、速度、耐力、灵敏和柔韧等身体素质的提高具有积极作用,能够提高人体内脏器官的机能,尤其是能够促使神经系统的灵活性得到明显提高。

通过跆拳道的攻防训练,可以对一定的格斗技术进行学习和掌握,从而达到自卫防身的目的。在训练过程中,大强度的训练除需要良好的体能外,还应具备顽强拼搏的精神和坚韧不拔的意志。因此,跆拳道的修炼过程,就是一个意志品质培养的过程。

(三)娱乐欣赏,陶冶情操

跆拳道是一项具有很强对抗性的运动形式,参与跆拳道比赛的双方运动员除了要斗勇之外,还更加侧重于较量技能和斗智,特别是跆拳道腿法高超精妙,具有很好的观赏价值。

人们在观看跆拳道比赛时,可以欣赏到一种击打艺术的美,这同时能够有效激发人们的斗志,鼓励人们奋发向上的精神,在欢声笑语中陶冶了人们的高尚情操。

第四节 跆拳道基本动作术语与礼仪

一、跆拳道基本动作术语

(一)拳法

拳法在竞赛跆拳道中主要有正拳(也称"平冲拳"或"直拳")一种,在品势中则有正拳、勾拳、锤拳等。

1. 正拳

正拳将手的四指并拢并握紧,拳面要平,然后拇指压贴于食指和中指的第二指节上。使用正拳时,用拳正面的食指和中指部分击打(图1-3)。

图 1-3

2. 勾拳

勾拳法的握法同正拳手法。使用时用食指和中指关节根部的突出部分击打(图 1-4)。

图 1-4

3. 锤拳

锤拳握法同正拳手法。使用时用小指和手腕间的肌肉部分击打(图 1-5)。

图 1-5

4. 平拳

平拳是向前平伸拳,然后把手指的第二指节弯曲,指尖贴紧手掌,拇指弯曲紧贴食指尖,用第二指尖击打(图 1-6)。

图 1-6

5. 中突拳

中突拳法是中指或食指从正拳的握法中突出,主要是击打太阳穴和两肋部(图 1-7)。

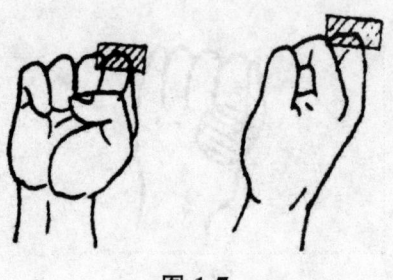

图 1-7

(二)掌法

1. 手刀

手刀法要求四指伸直,拇指弯曲靠近食指,用小指侧的掌外沿攻击对方。只局限于在品势中使用(图 1-8)。

图 1-8

2. 背刀

背刀法的手法是与手刀相对,用食指侧攻击对方。只局限于在品势中使用(图 1-9)。

图 1-9

3.贯手

贯手的手形与手刀基本相同,要求微屈拇指,主要用四指指尖戳击对方的要害部位,如戳击对方的眼睛、喉部等。只局限于在品势中使用(图 1-10、图 1-11)。

图 1-10   图 1-11

(三)臂法

1.腕部

腕关节的四周部位。主要用于防守格挡。

2.肘部

肘部用肘的鹰突关节攻击,只局限于在品势中使用(图 1-12)。

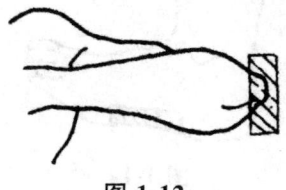

图 1-12

3.前臂和上臂

前臂和上臂主要用外侧进行格挡防守,其中前臂的格挡在竞赛跆拳道比赛中经常被运动员所使用。

(四)脚法和膝法

跆拳道比赛中,运动员主要以腿攻为主,所采用的脚的部位是脚面、足刀、脚尖和脚跟。

1.脚面

脚面击打法是用脚的正面部分攻击对方,主要用来踢击对方髋关节以上、锁骨以下被护具包围的部位和头部的侧前剖面(图1-13)。

图 1-13

2.足刀

足刀法是用脚外沿侧蹬对方,多用于侧、推踢(图1-14)。

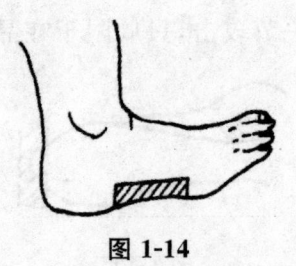

图 1-14

3. 脚尖

脚尖法主要用脚趾前端的部位攻击对方。

4. 脚跟

脚跟法主要用脚跟后踢和推踢对方(图1-15)。

图 1-15

5. 脚前掌

脚前掌法主要用前脚掌攻击对方,多用于劈腿(图1-16)。

图 1-16

6. 膝部

膝部法是用膝盖顶击对方,只局限于在品势中使用(图1-17)。

图 1-17

二、跆拳道的精神

具体来讲,跆拳道的精神可以概括为礼义、廉耻、忍耐、克己、百折不屈几个方面。

(一)礼义

在人际交往中,礼是以一定的、约定俗成的程序方式来表现的律己敬人的过程。义即为自然之道,忠义之道。

(二)廉耻

参与跆拳道的运动者应该学会分辨是非,如果做错了事,心中应该会感到惭愧,无地自容,从而知耻而后勇。

(三)忍耐

忍即是德,指的是把痛苦的感情或者内心的感受控制住不让其表现出来,经受困苦或艰难。跆拳道运动的参与者无论遇到什么困难,都应该做到忍耐。

(四)克己

克己精神是指在跆拳道修炼过程中,运动者能够克服生理与心理方面的极限并战胜它。当运动者在跆拳道比赛中自身处于比分落后的情况下,如果不能有效克制自己的情绪,感情用事加以攻击,将会造成事故。克制自己是一种非常重要的生活智慧。

(五)百折不屈

真正有毅力的人,不管遇到怎样的困境都不会感到任何畏惧,坚持向着目标迈进,以百折不屈的精神对目标倾注自己所有的精力。即使受到无数的挫折都不屈服、不动摇,并以坚定的意志去完成任务,最终达到自己的目的。

三、跆拳道的礼仪

在跆拳道运动中,对练习者进行行为、精神以及礼仪规范方面的教育是其重要的内容,这不仅是对跆拳道精神的基本体现,同时也是所有的跆拳道练习者对跆拳道由衷的敬意和尊崇。跆拳道是一项对抗性很强的运动项目,无论跆拳道比赛或训练的对抗程度多么激烈,它自始至终都是一个载体,是对跆拳道深厚文化内涵的承载;它自始至终是一个形式,是进行人格完善和养性修身的过程。通过这种形式来磨炼练习者坚强的意志品质,提高练习者的运动技术水平。

在跆拳道整个训练的过程中都贯穿着"以礼始、以礼终"的思想。通过进行跆拳道训练,对练习者敢打敢拼、勇猛善战的意志品质进行培养,同时培养练习者坚韧向上的良好作风,并培养练习者健康完善的人格,使其讲究修养与礼仪。

在练习跆拳道之前,首先要向国旗敬礼,心中装着时刻为祖国争夺荣誉的信念,充分体现出爱国主义的精神;教练与队员之间相互敬礼,体现出尊师爱生的崇高品德;队员之间相互行礼,体现了集体主义、团结一致、互助友爱的高尚情操。一颗忠于祖国的爱国心,是修炼跆拳道的最高境界。

跆拳道的礼仪具体体现在人的一切行为规范中。在平时遇到老师与长辈时应该行礼问候;在训练场,从坐姿到站姿都有一定的规范要求;对老师的指导、教诲,要敬礼并立正聆听;在进行跆拳道训练的过程中,尤其是在进行自由对抗或踢靶练习时,先要向对方行礼,对其为自己的训练所付出的辛勤劳动表示感谢。在尊重前辈、恪守诚信的前提下磨炼技艺是对我们修炼的基本要求,也是我们必须遵循的原则。

(一)跆拳道的站姿、坐姿及敬礼

1.站姿

并脚而立,使两脚脚尖正对着对方,收腹、挺胸、抬头,两手手指并拢并自然地贴在大腿两侧中间,两眼向前方平视,并保持自然神态。

2. 跨立

两脚开立略同肩宽,两脚尖外转约 30°,抬头、挺胸、收腹,右手握拳,左手五指握住右手腕部置于身后腰部,两眼平视前方,神态自然。

3. 坐姿

两只脚相互交叉,右脚放在前方,在地上盘坐,抬头、挺胸、收腹,两手成握拳或自然掌形放在两膝上,两手肘自然下垂内收,两眼向前方平视,并保持自然神态。

4. 敬礼

(1)向国旗敬礼
保持立正姿势,右手成掌形放在左胸前,向着国旗目视约 3 秒钟,神态要庄严、恭敬,然后将手放下。

(2)个人敬礼
保持立正姿势,将身体向前倾并弯腰成 30°~45°,同时头部向前屈 45°鞠躬敬礼,将右手放在胸腹间或者两手自然下垂放在身体两侧,并停顿 1~2 秒钟,然后将身体还原成原来的立正姿势,保持神态祥和。

(3)相互敬礼
保持立正姿势,使身体向前倾斜并弯腰成 30°,同时头部向前屈 45°鞠躬敬礼,两手自然地放在身体的两侧,停顿约 1 秒钟,然后将身体还原成立正姿势,保持神态祥和。

在相互行礼时,双方应该注意保持一定的距离,从而防止发生身体的碰撞。

(二)各种场合的礼节程序

在不同的场合,跆拳道的礼节有着不同的要求与形式。跆拳

第一章　跆拳道运动文化基本知识概述

道运动的主要礼节具体如下。

1. 进入道馆训练时的礼节

(1) 跆拳道练习者进入道馆（场）训练，必须身着道服，衣着整洁，神态恭敬，服从指挥，要抱着相互学习、共同提高的心态去学习、训练。

(2) 进入道馆（场）后，首先应该向国旗敬礼，然后再向老师敬礼。

(3) 两人一组进行练习时，首先相互行礼，练习结束后，再次相互行礼，以表谢意。

(4) 训练中如果有事，需先向老师敬礼，说明理由，经老师同意后方可离开。

(5) 在进行训练的过程中，如果护具或服装脱落，应背对着国旗和老师，在整理好护具或服装之后再进行训练。

(6) 结束训练之后，要集合整队，先向国旗敬礼，再向老师敬礼，等到离开道馆或道场时，再向国旗和老师敬礼、道别。

2. 比赛时的礼节

(1) 比赛开始前

在比赛开始前，运动员走进比赛场地时，要向裁判员和教练员敬礼，等听到裁判员发出"立正""敬礼"的口令后，参赛双方运动员相互敬礼；待主裁判员发出"准备""开始"的口令之后才能开始进行比赛。

(2) 比赛结束时

比赛结束后，参赛双方运动员要在各自的位置站好，待主裁判发出"立正""敬礼"的口令后，双方运动员相互敬礼，然后再面向裁判长等待其宣布比赛的结果；当比赛结果宣布之后，运动员要向裁判长席、主裁判、副裁判（边裁）以及对方的教练员、观众敬礼，到此本场比赛结束。

在进行一些友谊赛、对抗赛或进行跆拳道品势、功力、特技表演时，在开始前和结束后，多以集体形式出场向嘉宾、裁判员、观众及对方的教练员、运动员敬礼。

第二章 跆拳道运动的学科理论基础

随着现代体育运动的发展,每一个体育运动项目的发展都有着众多相关学科理论作为指导,这对于跆拳道运动项目来说也是如此。无论是跆拳道教学还是训练,这些都是建立在一定的学科理论基础之上的。本章就跆拳道运动的学科理论基础进行研究。

第一节 运动生理学基础

一、跆拳道运动的生理本质

"刺激—反应—适应"是生物机体具有的基本特征,对于一切生物都是适用的。具体来说,当体内外环境发生变化时,细胞组织或机体内部的新陈代谢及外部的表现形式都将发生相应的改变,这是机体或一切活组织具有对刺激发生反应的能力的具体表现。机体若长期生活在某一特定的环境中,则可逐渐形成一种与环境相适应的反应模式,表现在对长期施加于机体的各种刺激,通过自身形态、结构与功能的改变以适应这一刺激,从而使机体能够更好地适应环境的变化。一切生物机体的发展都是"刺激—反应—适应"的反复结果,人体机能也在这样的不断往复中获得了一定程度的提升,就使得体能得到了进一步的发展。

第二章 跆拳道运动的学科理论基础

(一)运动负荷的本质

运动负荷是以身体练习为基本手段对有机体施加的运动刺激。机体对这种刺激所做出的反应表现在生理和心理两个方面,通常所说的运动负荷是生理负荷,即机体在生理方面所承受的运动刺激。

在跆拳道运动训练中,在运动负荷的强烈刺激作用下,与运动相关的各器官系统的机能状态就会受到不同程度的影响。因此,可以将某些生理或生化指标来作为衡量生理负荷量的大小的指标。运动负荷表现分为外部表现和内部表现,其中运动负荷的外部表现为量和强度,内部表现则为心率、血压、血乳酸等生理机能指标的变化。由此可以得出,刺激强度与运动负荷的大小呈正相关,即运动负荷越大,刺激强度则越大,所引起的机体反应也相对越大,各项生理指标的变化也就更加明显;反之亦然。

当运动负荷刺激施加于人体时,人体各器官系统将发生一系列反应。这些反应特征主要表现为耐受、疲劳、恢复、超量恢复和消退等机能变化。跆拳道运动引起的身体机能变化和反应特征表现在以下五个阶段。

1. 耐受阶段

耐受阶段是身体机能变化和反应的第一个阶段。运动时,人的身体机能总表现出对运动负荷刺激具有一定的耐受能力。而这种耐受能力的强弱及保持时间的长短是受到一定因素影响的,而其中,起决定性作用的是运动负荷强度和运动者的运动水平。机体耐受阶段会表现出比较稳定的工作能力,能高质量地完成动作。根据这一阶段的主要特点和表现,应该在耐受阶段安排跆拳道运动的主要动作,这样有利于顺利达到运动目的。机体对运动负荷的耐受程度有较大的个体差异,并受许多因素如运动负荷的量和强度、运动后机体机能的恢复程度及运动者的身体机能状态等因素的影响。

2.疲劳阶段

疲劳阶段是身体机能变化和反应的第二个阶段。机体在承受一定时间的运动负荷刺激之后,机体机能和工作效率会逐渐降低即出现疲劳现象。运动者运动到何种疲劳程度以及耐受多长时间以后疲劳,这完全取决于运动的目的。运动过程中只有达到一定程度的疲劳,运动能力才能不断提高,才能在恢复期获得预期的超量恢复效果。

3.恢复阶段

恢复阶段是身体机能变化和反应的第三个阶段。运动结束后,机体开始补充和恢复运动过程中所消耗的能源物质,修复所受到的损伤并恢复紊乱的内环境,使机体各器官系统的机能恢复至运动前的相应水平,以完成机体结构与机能的重建。在恢复过程中,机体的疲劳程度在很大程度上决定着恢复所需时间的长短。具体来说,机体的疲劳程度越大,恢复所需要的时间越长;机体疲劳的程度较小,则恢复所需要的时间相对较短一些。

4.超量恢复阶段

超量恢复阶段是身体机能变化和反映的第四个阶段。超量恢复是指在运动过程中所消耗的能源物质以及降低的身体机能在运动结束后不仅能得以恢复,而且会超过原有水平。在一定范围内,运动负荷量越大、强度越大,运动过程中疲劳的程度越深,运动后的超量恢复则越明显。

5.消退阶段

消退阶段是身体机能变化和反映的第五个阶段。跆拳道运动所导致的机体机能的提高或运动效果不是固定不变的,也不会永久保持。若不及时在已获得的超量恢复的基础上继续施加新的刺激,那么已经产生的运动效果保持一段时间后又会逐渐消

第二章　跆拳道运动的学科理论基础

退,机体机能又下降至原有水平,这种现象称为机体对运动负荷刺激适应的消退。这是所有运动者都会面临的问题,也是为什么有的运动者水平越来越高,而有的运动者的运动水平却逐渐降低的一个重要原因。要想持久保持运动效果,必须在上一次运动出现超量恢复的基础上及时安排下一次运动。反复如此,就能够较好地保持住原有的水平,并在此基础上逐渐提高运动效果。

(二)机体对运动负荷的适应与运动效果

1.对运动负荷的适应性

应激性和适应性是生物机体具有的基本特征。有机体不仅具有对刺激发生反应的能力,而更重要的是具有适应能力,人体对运动负荷刺激的适应也同样具有这一特性。长期系统地参与跆拳道运动能使机体各器官系统的形态、结构、生理机能以及生物化学等方面都发生一系列的适应性改变。其中,较为常见的系统力量训练引起的肌肉肥大、肌纤维增粗和肌肉力量增长以及耐力训练引起的"运动性心脏增大"等,都是机体对长期运动负荷刺激的一种良好适应,也充分说明了运动负荷适应性的重要作用和意义。

2.运动效果

跆拳道运动的本质就是通过反复的跆拳道练习给予机体各器官系统一系列的生理负荷刺激,使人体在形态结构、生理功能和生物化学等方面发生一系列积极的适应性变化,从而提高运动能力,这一良好的适应性变化就称为运动效果。换句话说,这就是"刺激—反应—适应"的最终结果和充分体现。

在运动后的恢复阶段,所消耗的能源以及酶等物质不仅得以恢复,而且会发生超量补偿;运动中所损伤的肌纤维不仅得以修复而且修复后的肌纤维有所增粗,并能产生更大的收缩力量。故恢复期中既有机体结构的改善又有机体机能的提高,将前者称为

"结构重建",后者称为"机能重建"。不断重复进行的"刺激—反应—适应"的过程,就是长期的运动过程,也是身体结构与机能不断破坏与重建的循环过程,是机体对运动负荷刺激的不适应到适应的过程。这个不断重复、往复进行的过程对于人的运动能力以及身体素质的发展和提高都有非常积极的促进作用,因此,应重视这一过程的科学性和合理性,从而达到更加理想的训练效果。

3. 运动负荷阈

运动负荷阈是指跆拳道运动过程中适宜生理负荷的低限至高限的范围。运动练习的强度、持续时间、练习密度和数量是构成运动负荷阈的四个基本因素。它们之间相互联系又相互影响,在其他因素基本相同的情况下,某一因素的变动均会影响该次练习所给予人体的生理负荷量。

运动过程中机体承受的生理负荷是对机体的有效刺激,是引起各器官系统功能产生适应性变化的原发因素。但是,刺激引起机体出现反应与适应的程度在很大程度上取决于刺激强度的大小。如果运动负荷过小,对机体的刺激强度就小,就能难引起机体的适应性变化,对身体素质的发展意义较小甚至没有意义;如果运动负荷过大,超过了人体所能承受的范围,或者没有得到成分的恢复时,也会影响身体适应能力的提高,对运动者的身心健康、身体素质以及运动能力都产生消极的影响,严重者还有可能发生过度疲劳等病理性改变,这是一种不良适应。因为机体对不适宜的刺激也能发生适应性改变,但其适应的结果往往不是我们所预期的。因此,只有生理范围内的适宜刺激,才能加快机体适应过程,并使机体的形态、结构与生理机能产生人们所预期的适应性改变即良性适应,跆拳道运动中并非运动强度越大,运动效果越好。

跆拳道运动中给予机体生理负荷量的大小可用某些生理或生化指标来度量,生理负荷量的大小可以通过心率、血乳酸、最大摄氧量等指标的变化得到充分的反映。其中,最重要的是心率,心率在跆拳道运动中具有非常重要的作用和意义。心率是控制运动强度最简易和有效的生理指标,在跆拳道运动过程中,人们常用"心搏峰"理论和"最佳心率范围"使运动负荷控制在最适宜的生理负荷范围,以使机体产生最佳的反应与适应,从而获得预期的运动效果。

二、跆拳道运动与能量代谢

能量代谢是人体和外界环境能量的交换与人体内能量转移的过程。物质代谢和能量代谢是两个紧密相连的过程,在能量代谢过程中可以使脂肪、糖、蛋白质等能量物质中所蕴藏的化学能释放出来,供运动利用。

(一)糖酵解供能

糖原或葡萄糖无氧分解生成乳酸,并合成 ATP 的过程为糖的无氧代谢,又称为糖酵解。糖酵解供能是机体进行大强度剧烈运动时的主要能量系统。糖酵解的过程是在细胞质中进行,不需要氧的参与。在缺氧条件下,丙酮酸在乳酸脱氢酶的催化下接受磷酸丙糖脱下的氢,被还原为乳酸。

机体内部糖酵解的过程是分为两个阶段进行的:首先,糖从葡萄糖生成 2 个磷酸丙糖;其次,磷酸丙糖转化为丙酮酸,生成 ATP。在有氧的条件下,丙酮酸可进一步氧化分解生成二氧化碳和水。

在运动开始阶段,ATP 会在 ATP 酶催化下迅速水解释放能量。一旦机体中 ATP 的浓度下降,CP 就会立刻分解释放出能量,以促进 ATP 的合成。肌肉利用 CP 的同时,糖酵解过程被激活,肌糖原迅速分解,提供运动锻炼所需要的能量。

在氧供应充足时,无氧酵解所产生的乳酸,一部分在线粒体中被氧化生能,一部分被合成为肝糖原等。乳酸是一种强酸,在体内积聚过多会破坏内环境的酸碱平衡,造成肌肉酸痛,工作能力下降,是运动性疲劳产生的原因之一。

(二)磷酸原供能

1.磷酸原供能系统

ATP、CP 分子内均含有高能磷酸键,在代谢中均能通过转移磷酸基因的过程释放能量,所以将 ATP、CP 合称磷酸原。由 ATP、CP 分解反应组成的供能系统称作磷酸原供能系统。

肌肉收缩时,ATP 是将化学能转变为机械能的唯一直接能源,人们在进行运动锻炼时 ATP 转换率会加快,且与训练强度成正比。训练强度越大,ATP 转换率越快,机体对骨骼肌磷酸原供能的依赖性越大。但是 ATP 在肌肉中的贮存量并不决定 ATP 主要作用的发挥,它的迅速合成过程是否顺畅则是其发挥作用的决定因素。

磷酸肌酸(简称 CP)是贮存在肌细胞中与 ATP 紧密相关的另一种高能磷化物,分解时能释放出能量。当肌肉收缩且强度很大时,随着 ATP 的迅速分解,CP 随之迅速分解放能。肌肉在安静状态下,高能磷化物以 CP 的形式积累,故肌细胞中 CP 的含量约为 ATP 的 3~5 倍。尽管如此,其含量也是有限的,随着运动时间的延长,必须有其他能源来完成供应 ATP 再合成,才能使肌肉活动持续下去。

CP 供能对 ATP 再合成有着重要的意义,这种意义的表现不在其含量,而在其快速可动用性,既不需氧,又不产生乳酸。但是因为分子过大,不能被人体吸收,CP 和 ATP 不能直接用作营养补充。前面提到过的肌酸能被人体直接吸收,肌酸吸收进入肌细胞后能合成 CP,进而为合成 ATP 所用。

磷酸原供能系统中,ATP、CP 均以水解分子内高能磷酸基团的方式供能,因此,在运动锻炼的初期和开始阶段,机体会最早起用、最快利用磷酸原供能系统,且具有不需要氧气参与。

2.磷酸原在不同强度运动下的变化

(1)当以低于 60% 最大摄氧量强度运动时,CP 储量几乎不下降。这时,ATP 合成途径主要靠糖、脂肪的有氧代谢提供。

(2)当以 75% 最大摄氧量强度持续运动达到疲劳时,CP 储量可降到安静值的 20% 左右,ATP 储量则略低于安静值。

(3)当极量运动至力竭时,CP 储量接近耗尽,达安静值的 3% 以下,而 ATP 储量不会低于安静值的 60%。

3. 跆拳道运动对磷酸原系统的影响

经常参加跆拳道运动可以明显提高 ATP 酶的活性;具有提高肌酸激酶的活性,从而提高 ATP 的转换速率和肌肉最大功率输出,有利于运动员提高速度素质和恢复期 CP 的重新合成;使骨骼肌 CP 储量明显增多,从而提高磷酸原供能时间;对骨骼肌内 ATP 储量影响不明显等影响。

(三)有氧代谢供能

1. 有氧代谢的供能系统

所谓的有氧代谢就是机体在有氧的条件下进行跆拳道运动时,糖、脂肪、蛋白质会被彻底氧化成水和二氧化碳的反应过程。

在运动过程中,在氧的供应能够满足机体对氧的需求情况时,主要由糖、脂肪和部分蛋白质的有氧氧化来为运动所需的 ATP 供能。有氧氧化能够提供大量的能量,从而能维持肌肉在较长时间进行工作。例如,由葡萄糖有氧氧化所产生的 ATP 为无氧糖酵解供能的 19 倍。ATP 和 CP 的最终再合成以及糖酵解产物乳酸的消除都要通过有氧氧化来实现的。

在运动过程中,机体的骨骼肌一般要通过以下三大能源物质的有氧代谢释放能量,满足机体的运动供能。

(1)蛋白质在长于 30 分钟的大强度运动中才会参与供能,并与肌糖原的储备有关,糖原储备充足时,蛋白质的供能仅占总热能的 5% 左右,肌糖原耗竭时,蛋白质的供能可占总热能 10%～15%。

(2)在机体的有氧代谢供能系统中,体内糖原储量较多,一般需要经过持续1~2小时的小强度运动,肌糖原才耗尽。

(3)体内的脂肪储量丰富,是安静或低中强度运动下的主要供能基质。它的氧化过程对糖有依赖性,其供能的比例会随运动锻炼强度的增大而降低,随运动锻炼持续时间的延长而增加。

2.有氧代谢系统对机体系统的影响

有氧代谢供能的效果受到氧从空气到肌肉的过程中,所经过的每一个系统的影响有以下几个方面。

(1)对血液系统的影响

血红蛋白执行氧运输任务。血红蛋白的数量是影响有氧耐力的很重要因素。如果血红蛋白的含量低于正常人,必将会影响到运动者的有氧代谢能力。因此,在运动过程中进行定期的测量,了解血红蛋白的含量是必要的,能及时发现、解决问题,做到防微杜渐。

(2)对呼吸系统的影响

肺通气量越大,吸入体内的氧量也就越多,这与呼吸频率和呼吸深度有关。由于解剖无效腔的存在,在运动过程中主要以加大呼吸深度来消除解剖无效腔的影响,提高氧进入体内的效率。

(3)对循环系统的影响

心脏泵血功能的好坏是影响运动的一个十分重要的因素,有研究表明,在运动的初期有氧氧化能力的增加主要依赖于心输出量的增加。

综上所述,经常参加跆拳道运动可以提高人体的供能能力,表现为在完成同样强度的动作时,需氧量减少,能量消耗量也减少,也就是说,在完成同样的运动负荷时,经过一定运动训练的运动员消耗的能量较少。

经常参加跆拳道运动,对人体呼吸系统和循环系统的机能水平都有积极的作用和意义。除此之外,参加跆拳道运动还可以提高系统的工作效率,减少消耗在供能器官本身上的能量,节省下来的能量可以更好地发挥在强度的保证和难度动作的开发上。

三、跆拳道运动对人体生理的影响

（一）跆拳道运动对心血管系统的影响

经常参加跆拳道运动训练能对人体心血管系统起到很好的作用。这主要表现在以下两方面。

一方面，跆拳道运动的练习能使人心情放松，消除各种杂念，对心脏心肌的收缩力、心搏容量、血压调节等方面能起到积极的正向调节作用，增加心肌储备能力。

另一方面，经常练习跆拳道，可以使心肌代偿能力明显提高，心肌收缩力、心搏出量、血管弹性增加，肺顺应性和肺活量增大，有利于提高心血管系统的血氧供应。

（二）跆拳道运动对内分泌系统的影响

跆拳道运动能刺激植物性神经系统，从而间接地影响到人体的内分泌系统。

例如，跆拳道运动对肾上腺的分泌能起到积极的促进作用，同时对人的要体——甲状腺轴和垂体及性腺轴都有良好的影响。跆拳道运动还能维持内环境理化因素的恒定，加强酶的活性，改善消化、排泄系统。

（三）跆拳道运动对呼吸系统的影响

跆拳道演练强调呼吸与动作的密切配合，跆拳道运动的诸多呼吸方法能有效改善通气功能和换气功能，增加肺活量和肺泡的通气面积。

长期有意识地注意呼吸机能的锻炼，会对心肺功能产生良好的影响，可有效减少呼吸系统疾病的发生。

（四）跆拳道对消化系统的影响

跆拳道运动的科学习练可以改善消化系统的机能，主要表现在食欲增加,消化液分泌增多,肠道吸收功能增强,促使营养物质的吸收等。

首先,在进行跆拳道练习时,人体肌肉活动加强,能量分解增加,而机体能量的分解与合成是相对平衡的,所以能量的合成也必然增加,使机体通过内分泌系统和神经系统的调节,促使物质代谢旺盛,势必增强人体的消化系统功能。

其次,长期进行跆拳道运动锻炼,使消化系统的各器官得到不同程度的按摩作用,因此可以降低慢性胃炎和溃疡病的发病率。

(五)跆拳道运动对运动系统的影响

肌力的大小决定于以下五个因素。
(1)单个肌纤维的收缩力。
(2)肌肉中纤维的数量。
(3)肌肉收缩前后的初长度。
(4)中枢神经系统的机能状态。
(5)肌肉对骨骼发生作用的机械条件。

在运动训练影响下肌纤维类型数量是不发生变化的,变化的则是肌纤维的质量。跆拳道运动在提高骨骼肌的工作能力的同时,也对骨骼的结构产生了一定的影响。

(六)跆拳道对骨骼、肌肉、关节的影响

经常参与跆拳道运动练习,只要运动方法正确,运动量适当,对肌肉、骨骼、关节及韧带都能起到正向作用,使身体强壮,关节活动自如。具体表现如下。

(1)跆拳道运动可以使肌肉力量增强,防止骨骼脱钙和骨质疏松。

(2)跆拳道运动可以增强骨骼抗折、抗弯和抗压的能力,使骨骼结实强壮。

(3)跆拳道运动可以避免关节、韧带僵硬,使关节润滑,活动灵活,韧带的伸展性、弹性增加。

(4)经常坚持跆拳道训练,有助于青少年身高的增长,能促进青少年身体各围度和体重的均衡发展。

四、跆拳道运动效果的生理评定

长期系统的跆拳道运动训练对人体各器官系统的形态、结构与机能都将产生显著的影响,从而形成运动者独特的身体形态和机能特征,这是机体对运动负荷刺激的良性适应结果即运动效果。通过适宜的方法对运动效果进行分析与评定,可以为跆拳道运动的科学化训练提供参考和依据。

关于系统运动的生理学适应特征,可以通过两个方面进行评定,即安静状态下的生理学适应特征、运动状态下以及运动结束后恢复期的生理学适应特征,下面将详细介绍这两个方面。

(一)运动者在安静状态下的生理学适应特征

在长期运动负荷刺激的作用和影响下,与运动密切相关的各器官系统如运动系统、血液循环系统、呼吸系统和神经系统所表现的良好适应性最为明显。

1.运动系统的特征

(1)骨骼

跆拳道运动对骨骼的影响主要表现在骨密度等方面的变化。由于每个运动者的实际情况不同,他们运动水平、运动年限就会存在一定的差异,因此,这样就会对骨密度造成不同的影响,使其产生不同的变化,并呈现出有差异性的特点。运动者所进行的运动练习是否科学、合理,也在很大程度上影响着骨骼的生长。适宜的跆拳道运动可以有效地增加峰值骨量,减缓随年龄增长而发生的骨质疏松。研究表明,运动者骨矿物质含量依运动量而有所不同,运动者的骨密度随运动水平的提高而增加。

(2)骨骼肌

跆拳道运动对骨骼肌的影响主要表现在肌肉的体积增大,横断面增大,肌肉力量增加。这是由于跆拳道运动尤其是有关力量的练习可以促进氨基酸向肌纤维内部的转运,使肌肉组织中收缩蛋白质的合成增加,从而引起肌肉肥大和肌力的增长。

通过跆拳道运动能够较为显著地提高机体抗氧化能力。研究发现,跆拳道运动练习可以提高肌组织超氧化物歧化酶(SOD)和谷胱甘肽过氧化物酶(GPX)的活性。肌肉抗氧化酶活性的提高也是骨骼肌运动性适应的重要生物学特征之一。

除此之外,影响肌组织抗氧化能力的运动性适应因素还有运动负荷、运动状态及抗氧化剂的补充等。根据相关实验研究证明,运动负荷大、运动状态良好以及抗氧化剂的外源性补充都对机体抗氧化能力具有重要的作用。因此,要想增强机体抗氧化能力,一定要注意做好这几个方面的准备工作。

2.氧运输系统特征

(1)循环机能

心脏形态结构和心血管机能受到运动的影响较为显著,其中安静时心率缓慢和心脏功能性增大是最主要的表现形式。运动性心脏增大主要表现为心肌肥厚和心脏容积增大,并具有运动项目的专一性。

(2)呼吸机能

在呼吸机能方面,经常参加跆拳道运动的和没参加体育运动的两者就有较为明显的区别。通常情况下,经常运动者主要表现为:呼吸肌力量较强,肺活量大,呼吸深度和肺泡通气量大,气体交换的效率高;呼吸肌耐力较好,连续5次肺活量测定值(每次间隔30秒)逐渐增大或者平稳保持在较高水平。而不经常运动者则达不到如此良好的状态。除此之外,对于人体对呼吸运动的控制能力,通常是用憋气时间来衡量的,憋气时间的长短与运动者运动水平密切相关,运动者运动水平越高,憋气时间就越长,相反,运动者运动水平较低,则憋气时间相对就会较短。跆拳道运动可以提高人体对呼吸运动的控制能力。

(3)血液

与不经常参加跆拳道运动的人相比,经过一定时期运动的人血液的成分并没有很明显的差别。

3.神经系统的特征

系统的运动练习对中枢神经系统机能产生良好的影响,运动者的各种感觉器官的机能会有所提高。由此可以看出,安静状态下经常从事跆拳道运动的人在身体形态结构和生理机能等方面都表现出良好的适应性变化,能够为运动效果的评定提供参考和依据。

经常参加跆拳道运动的人不仅在安静状态下能够显示出良好的机能特征,在从事运动时也能够表现出机体机能的动员、生理反应程度以及运动结束后的恢复过程方面明显的优势与特征。由此可以看出,神经系统对于氧的运输具有非常重要的作用和意义。因此,在评定运动效果时,通常将运动者在完成定量负荷和极限负荷运动时的生理指标作为评定的主要依据和标准。

(二)运动者在运动与恢复期的生理学特征

1.运动者对定量负荷的反应特征

一种限定运动强度(一般低于亚极限强度)和运动时间的运动实验条件下的负荷,即为定量负荷。

(1)心肺机能变化较小

在心肺机能变化方面,参加跆拳道运动与没有参加跆拳道运动的人是有较为显著的差别的。其中,没有参加跆拳道运动的人主要是靠加快心率和呼吸频率来增大每分钟心输出量和肺通气量。参加跆拳道运动的人完成定量负荷时心肺机能的变化较小,心率和心输出量较没有参加的人低,心率增加的幅度较小,而每搏输出量增加较多;呼吸深度大,呼吸频率较慢。

(2)肌肉活动高度协调

肌电图研究显示,在完成相同的定量负荷时,参加跆拳道运动的人肌肉活动程度较小,主动肌、对抗肌和协同肌之间高度协调,肌电振幅和积分值较低,且放电节律清晰,动作电位集中并发生在动作时相,在相对安静时动作电位几乎完全消失,表明有关中枢的活动高度协调。

2. 运动者对极限负荷的反应特征

在完成极限负荷运动时,要求机体充分发掘自身最大潜力,使相关的各器官系统机能达到最高水平。与没有参加跆拳道运动的人相比,运动者的生理功能水平高,机能潜力大,表现出非凡的运动能力和对极限负荷的适应能力。通常情况下,评定运动效果的指标主要是氧脉搏、最大摄氧量、最大氧亏积累、最大做功量等极限负荷运动时的生理指标。

五、跆拳道运动对人体生理影响的机能监测

对跆拳道运动进行某些身体机能测定,其目的主要是观察跆拳道运动对人体生理、生化产生的反应,并通过所测定的数据,采取针对性的运动训练,安排训练计划和科学地安排运动负荷。同时,也可以判断运动员的运动训练程度,并科学地制定专门化的措施。一般常用的机能监测方法有心电图、超声心动图、心率血压、最大摄氧量、无氧阈、血乳酸、肌电图、血色素等。检测的评价一般是以安静状态时,定量负荷和最大负荷状态下的生理、生化指标进行对照分析。在分析与评价时,应考虑运动员的个性特点、项目特点、运动年限、生理系列化指标的"变异性"特点和生物节奏特点等;还要考虑全面和整体因素,不能凭个别的、局部的,乃至一时生理生化指标得出完整的肌体结论;同时,还必须参考运动成绩和运动技术等教育学的指标以及运动医学的指标,相互

参照,从而比较充分地论证,对整体生理生化机能做出评定。

第二节 运动心理学基础

一、心理的本质

心理是脑的机能,即任何心理活动都产生于脑,所有心理活动都是脑的高级机能的表现;心理是对客观现实的主观反映,即所有心理活动的内容都来源于外界,是客观事物在脑中的主观反映。生理心理学和神经生理学研究表明,动物在进化中产生了神经结构这一物质基础之后,就有了心理机能,随着进化,动物越是高等,脑的结构就越是复杂化,心理活动也就相应的越复杂化了。脑的发育和复杂化,使心理也相应发展。

医学界已经能够用脑电图来记录脑中产生的生物电流,从而判断人的心理状态的变化。脑的生理研究表明,每一种心理活动都和脑的某一特定的部位有关。例如,人在思维的时候,大脑会发生脑电波的变化;人脑受到损伤,就不能进行正常的心理活动。临床观察发现,任何脑部位的损伤,在其生理机能变化的同时心理也会发生相应的变化。脑的某一部分受到损害,与之相应的某种心理活动就受到阻碍。例如,大脑的额叶损坏就会引起智力的降低和性格的破坏,使一个本来温和宁静、有理智的人变成粗野急躁、不能自制的人。

这些都能够表明一个事实,脑是心理活动的物质基础。就是脑是心理的器官,心理是脑的产物,心理是脑的机能。虽然从物种进化、个体发育、生理研究、临床观察都说明了心理活动是脑的高级机能的表现,任何的心理活动都产生于脑,但是脑不能独立的、凭空的产生心理,而是必须有客观的事物作用于脑,脑能动地对这一刺激产生反应,从而产生心理。

二、与运动相关的心理因素

参加体育运动锻炼，不仅有利于人体的健康而且健康的人体，又为心理健康提供了坚定的物质基础，还会形成一种良好而特殊的心理满足感，这是在新的领域中进行意识交流的结果，一种自我实现的多重心理健康效应。

在运动技术的形成和发展过程中，心理过程始终都会参与对技术动作的控制和调节。一般来说，在完成体育运动各项目的技术时，与之相关的心理因素主要包括运动知觉、心理定向、情绪、注意、意志、个性心理特征等。

（一）运动知觉

运动知觉是人脑对外界事物和人体自身运动状态的反映。运动知觉分为两种，即客体运动知觉和主体运动知觉。人脑对外界事物运动状态的反映叫客体运动知觉，人脑对自身运动状态的反映叫主体运动知觉。这两种运动知觉在运动技术的形成与掌握中各有其独特作用。运动技术是以运动操作为基础实现的，而准确、协调的运动操作，则是以高度分化的运动知觉为基础而实现的。所以，精确分化的运动知觉在运动技术练习中具有重要作用，正确的运动知觉是运动训练取得良好效果的重要心理因素。运动知觉由多种感觉要素构成，包括速度知觉、平衡知觉、空间知觉、专门化知觉等。

1. 速度知觉

所谓速度知觉，主要是对自身身体位移在时间上的反映。对速度的反映，一方面可借助视觉、听觉信号来感知，另一方面可凭借肌肉运动感觉的信号来估计。速度知觉是走跑类项目运动参与者的重要心理特征。它是运动参与者准确估计自己的体能，合理和正确地分配力量所必备的心理因素。

第二章 跆拳道运动的学科理论基础

2. 平衡知觉

人们在日常生活中的觉醒状态时,头部多是保持与地面垂直的位置,即使偏离,也是短时间的和小幅度的。一些运动项目中,运动者经常要完成一些倒立、旋转和空翻动作,并且在动作过程中,还需要使自己的身体保持一定的姿势。这种改变头部日常习惯位置的活动(有时是快速不停地变换),对运动员的平衡知觉能力提出极高的要求。因为要保持身体的平衡,首先要具备精确知觉自己身体位置变化情况的能力。

3. 空间知觉

空间知觉是反映物体空间特性的知觉,包括形状知觉、大小知觉、距离知觉、立体知觉、方位知觉等。

4. 专门化知觉

感知觉是人们认识客观事物的开端,因此运动技术的形成,也是由感知开始的,任何一门专项运动技能都是由很多细节所组成的复杂结构体系,都有自己的基本规律,并对练习者有一定的身体、生理和心理方面的要求。专门化知觉就是专项运动对训练者心理要求的一个重要方面,它是个体在运动实践中经长期专项训练所形成的一种精细的主体运动知觉,它能对器械、场地、运动媒介物质(水、空气等)以及专项运动中的时间、空间特性等做出高度敏锐和精确分化的识别和感知。专门化知觉依所从事的运动项目不同而表现出不同的特征。需要指出的是,专门化知觉并不仅仅是一些感觉综合和高度发展的产物,而且是与运动训练者的表象、运动经验、思维和想象相联系的。

(二)心理定向

心理定向是指动作开始以前和完成动作过程中心理的准备状态和注意的指向性。心理定向是掌握和提高技术动作的重要心理条件。心理定向往往会引起一系列综合反应和心理活动的调整,进而影响合理技术的形成。准确的心理定向,可以使动作在内容、结构方面调整得与技术动作的特点完全一致,这时,运动训练者便会在头脑中设计出达到目的的行动模式,这些模式反映了活动所要取得的结果,并能依照这种结果调节自身的全部行动。在学习运动技术的过程中,练习方法和手段不同,会引导训练者形成不同的心理定向,而不同的预先心理定向对形成不同的技术特点和风格也会产生重要的影响,这是由于运动训练者的注意力集中点不同而造成的。

(三)注意

对于运动训练者而言,注意也是其训练过程中需要重视的方面。注意是心理活动对一定对象的选择性指向和集中,是一种心理状态。在运动训练中,不同运动项目集中注意的指向是不一样的。某些体育运动训练项目,如器械锻炼,具有单调和高度"自动化"的特点,因此在完成动作的过程中注意力全部集中在解决当前主要任务上。活动过程中注意的内容一方面指向如何保持正确的技术动作,另一方面指向如何合理分配力量、调整速度以及需要采取的战术行动。此外,运动过程中可能会因外界刺激的干扰而引起无意注意,此时产生的无意注意对正确控制跑速具有消极作用。但随着疲劳的加深,有时也需要有意识地将注意力从身心活动方面移至其他方面,以消除因长时间的注意高度集中而带来的身心疲劳。

(四)情绪

情绪是情感体验过程的具体形式。而情感则是人体对客观事物是否符合自己的需要而产生的体验。情绪过程的重要作用之一是产生动机并影响行为,在无意识的情况下控制着我们的行为,并指导着行为的方向。而在运动训练过程中,情绪体验的特点是鲜明、强烈、多样、易变。这些特点造成了运动训练中情绪与动机关系的特殊性。在训练和比赛中,情绪的动机作用尤为明显。渴望成功、惧怕失败这两种在运动中经常出现的基本动机,首先是由情绪体验和认知过程促成的。因为成功后的喜悦感和失败后的沮丧感、内疚感,在人的认知系统中留下较深的印记后,会使人无意识地去努力追求成功,避免失败。

(五)个性心理特征

运动训练者的个性心理特征对其训练具有显著的影响。个性一般指个体在社会实践中形成的、带有一定倾向的、稳定的心理特征的总和,这些特征构成了个体间不同的精神面貌。运动训练中,因项目差异,要求运动参与者的神经类型和项目特点吻合。此外,不同项目对参与者的个性心理特征也有一定的影响。各种运动强度技巧不同,要求运动者具备的精神活动特点与个性特征也不尽相同。许多证据表明,不同运动水平的练习者其个性心理特征也是不同的。总体而言,优秀运动员在个性特征方面有低焦虑、低神经质和偏外向的特点,在心境状态方面有低紧张、低气愤、低疲劳、低抑郁、低困惑和高活力的特点,这些特点是同积极的心理健康模式相一致的。

(六)意志

意志是人们为了实现既定目标而支配自己的行动并在行动时自觉克服困难的心理过程。意志和行动是不可分割的,意志支配行动,同时也在行动中得以体现。运动训练是有意识、有目的的行动,其目的是以最快的速度完成一定的距离,达到既定的体育运动目标。运动参与者为此需要付出巨大的意志努力。这种意志努力是与参与者克服各种来自机体内外部困难以及正确估计时间、合理分配能量、实施预定的战术任务相联系的。参与者必须具备的意志品质是持久、顽强、自制、沉着、果断等。

三、心理训练的原则

运动员的心理训练必须遵循一定的运动训练规律,这样才能起到应有的训练效果,没有科学原则的指导,则心理训练最多也只能做到差强人意。因此,在进行相关的运动心理能力训练时,应该遵循以下几点原则。

(一)自觉积极性原则

积极良好的态度是产生良好训练效果的决定因素,因此,在这一过程中,教练员应该向运动员认真贯彻和讲解进行训练的目的、作用和意义,并认真地说明其所应用的方法和具体的内容,从而能够使运动员进行自我分析、调节和控制,调动运动员的积极性。

(二)全面系统原则

心理训练的全面性原则要求心理训练必须与身体训练和技战术训练紧密结合,同时在训练时还要与运动员的智能训练有机结合起来。需要注意的是在训练过程中,心理训练的内容应该包括心理训练的各个方面,即心理过程、心理状态、个性特征等都应给予积极的影响。

(三)区别对待原则

身体素质的训练要求对运动员进行区别对待,在进行心理素质训练时也应该坚持这一原则。运动员的心理特点具有较大的差别,心理素质的优缺点也有很大的不同,采用有针对性的区别对待,是取得良好训练效果的保证。

(四)长期训练和短期训练相结合原则

心理训练既要使运动员在比赛中克服各种心理障碍,同时还要使运动员形成良好的人生态度和价值,这就需要在进行训练时,要坚持短期训练和长期训练的结合。长期训练能够对运动员的一般心理进行训练,在这一过程中,运动员的各项心理素质能够得到全面的提高;而短期训练能够使运动员在比赛中具有更好的心理素质来应对挑战。两者之间是密不可分的关系,只有将两者更好地结合才能使心理训练发挥更好的效果。

四、跆拳道运动的心理过程与特征

(一)心理过程

一般来说,人的心理过程主要包括三个方面,即感知过程、记忆过程和思维过程。

1.感知过程

感知过程包括两个方面,一是感觉。感受器及对应的神经系统从外界环境中接受和表征刺激信息的过程,就是感觉;二是知觉。对感觉信息进行选择、组织和解释的过程,被称为知觉。

在跆拳道运动的过程中,感觉和知觉是一个统一连贯的过程,两者联系密切不可分开。但是,它们有着本质上的区别。

(1)感觉反映的是客观事物的个别特征;知觉反映的是客观事物的整体特征。

(2)感觉发生在前;知觉发生在后。

(3)感觉是知觉的基础,知觉是感觉的延续。

2.记忆过程

记忆是过去经验在人脑中的反映,是一个机器复杂的心理过程。形体训练是一个学习和掌握的过程,在这个过程里,记忆的三个基本环节即表现如下。

(1)识记。在学习一个技术动作时,通过了解,初步掌握动作的外形、结构、要点,理解并建立相关概念。这就是识记。

(2)保持。真正掌握每个动作的技术要领,需要经过思考并且反复练习,多次强化才能在头脑中得以保存。这就是保持。

(3)再认或再现。在做之前的动作,能够很好地完成,或者能很快认出、想出这一动作,这就是再认或再现。

记忆过程有一个阶段。这一阶段可分为三个部分。即瞬时记忆、短时记忆和长时记忆。

(1)瞬时记忆。又称感觉记忆,在这一记忆中内容保持的时间不长。

(2)短时记忆。记忆信息保持时间在1分钟左右的记忆,被称为短时记忆。动作短时记忆的容量相当有限。

(3)长时记忆。经过反复练习,储存在短时记忆中的一部分信息可转化为长时记忆。长时记忆的量很大。

在跆拳道运动中,运动记忆很重要,要掌握跆拳道各类动作,只有在正确识记各种动作、了解动作的基本要素及其技击变化特点的基础上才有可能。记忆从教练讲解示范初步形成表象开始,经过实践模仿,随着练习次数的累积,动作表象逐渐清晰,记忆范围也随之扩大,这时,记忆动作不仅是路线的掌握,而且深化到对动作劲道、节奏、精神、风格的理解和体验,这个过程需要通过各种手段和方法才能获得,

3.思维过程

思维是人脑对客观事物一般特性和规律的一种概括性的、间接的认识过程。人体在参加活动的过程中,不仅需要生理结构协调工作,还需要大量的心理活动参与,其中包括思维和想象。形体活动中的思维可分为两种,即操作思维和预测思维。

(1)操作思维

操作思维是反映肌肉和操作对象的规律以及渐渐相互关系的思维过程。运动中人的思维过程的主要形式就是操作思维。其主要特点在于行动性。

(2)预测思维

预测思维是完成动作之前在脑中对运动客体和对自身动作

的未来事件发展的预测过程。人在运动中的预测思维,主要包括两种:一种是对运动客体的预测。许多项目中,运动客体思维直接影响运动水平发挥的结果;一种是对自身运动的预测。即没有完成动作之前,就能预知该动作的结果。

(二)心理特征

1. 能力

能力是指一个人能顺利实现某种活动的条件。是在具体实践中才能得以体现出来的一种心理特征。能力发展的条件是身体的整体素质;能力发展的基础是身体器官系统拥有健全的功能。另外,能力的发展还受其他因素影响,如周边环境和所受教育。

2. 气质

气质是表明一个人心理活动稳定的动力特征。其具有稳定性、灵活性和指向性等特征。心理过程中思维的快慢、情绪的强弱、注意力的集中时间、心理活动倾向、注意力转移都是其主要表现。

根据情绪和行为方式上的典型表现不同,气质可分为四种类型,即多血质、抑郁质、胆汁质、黏液质。气质作为个人心理活动的一项动力特征,本身并不分好坏,气质产生的影响具有两面性,通过参加一定的运动,能在一定程度上规范自己的行为,培养独特的气质。

3. 性格

性格的形成需要一个过程,首先是建立在一个人生理素质的基础上,其次,通过社会实践逐步形成,最后,性格的形成会根据每个人环境和教育的不同而各具特色。

性格形成后具有一定的稳定性,不同的性格反映不同的心理特征。另外,性格还具有可塑性,在不同的环境中,性格会随着不同的教育而产生变化。人在参加运动时,都会对性格的塑造产生一定的影响。

第三节 运动学基础

一、运动技能本质

(一)形成运动条件反射与运动技能

1. 运动的反射本质

有关研究表示,人的所有运动都是从感觉开始,随之产生心理活动,最后表现为肌肉的效应活动的一种反射。还有学者认为随意运动的生理机理是暂时性神经联系,并用狗作为研究对象建立食物—运动条件反射证明,大脑皮层动觉细胞可与皮质所有其他中枢建立暂时性神经联系,包括内、外刺激引起皮质细胞兴奋的代表区在内。运动的生理机理是以大脑皮质活动为基础的暂时性神经联系。所以,学习和掌握运动技能,其生理本质就是建立运动条件反射的过程。

2. 运动条件反射形成的生理机理假说

运动条件反射的形成是通过很多简单的非条件反射综合而成的。随着大脑和各个器官的发育,在这些非条件反射的基础上,通过听觉、视觉、触觉和本体感觉与条件刺激物多次结合,就形成了简单的运动条件反射。人形成运动技能就是形成连锁的、复杂的、本体感受性的运动条件反射。

运动技能与一般运动条件反射并不是等同的,运动技能的区别在于其复杂性、连锁型和本体感受性。

(1)复杂性

运动技能是由多个中枢参与形成运动条件的反射活动(运动中枢、视觉中枢、听觉中枢、皮肤感觉中枢和内脏活动中枢)。

(2)连锁性

运动技能的反射活动是连续的,前一个动作的结束便是后一动作的开始。

(3)本体感受性

在条件反射过程中,肌肉的传入冲动(本体感受性冲动)起到重要作用,没有这种传入冲动,条件刺激得不到强化,同时由运动中枢发放神经冲动传至肌肉效应器官引起活动的复杂过程条件反射就不能形成,也就无法掌握运动技能。

因此,运动技能与条件反射的关系就是:运动技能就是建立复杂的、连锁的、本体感受性的运动条件反射。

(二)运动技能的信息传递与处理

所谓的信息处理就是人对外界环境刺激到发生反应的过程。在这个过程中人就是信息处理器,人对外界环境的刺激到发生反应的过程就是信息处理的过程。这一过程对运动技能的学习也是至关重要的。

形成和再现运动技能的信息源(刺激)分别来自体外和体内。

(1)体外信息源来自对体育运动学习的过程中,当教练或教师发出信息(包括信息的强度、形式、数量等),传输给运动者(传输手段包括示范、讲解、录像等)。运动者通过感觉器官,经大脑皮质分析综合形成初步的概念。

(2)体内信息来源来自大脑皮质一般解释区。大脑的一般解释区由躯体感觉、视觉和听觉的联合区组成。一般解释区位置在颞叶后上方,角回的前方。一般解释区是视觉、动觉、听觉的汇合区,具有各种不同的感觉体验和分析能力,信号是由这里转移到脑的运动部位以控制具体的运动。

二、形成运动技能的过程及其发展

运动技能的形成,要从简单到复杂,并有其建立、形成、巩固和发展的阶段性变化和生理规律,只是每一阶段的长短随动作的复杂程度而不同。一般说来,可划分为三个阶段,即泛化阶段、分化阶段、巩固自动化阶段。运动技能形成后,就会得到不断的发展,达到动作自动化。

(一)泛化阶段

完成一个动作,最开始都是要从教师或教练的讲解示范,到自我实践,然后获得一个感性认识,但是对运动的技能的内在规律并没有很深的认识。由于人体对外界的刺激,通过感受器(特别是本体感觉)传到大脑皮质,引起大脑皮质细胞的强烈兴奋,另外因为皮质内抑制尚未确立,所以大脑皮质中的兴奋与抑制都呈现扩散状态,使条件反射暂时联系不稳定,出现泛化现象。在这个阶段表现在肌肉的外表活动往往是动作僵硬,不协调,不该收缩的肌肉收缩,出现多余的动作,而且做动作很费力。这些现象是大脑皮质细胞兴奋扩散的结果。对此过程,教师或教练应以正确的动作示范来展示,让学生正确掌握动作,抓住动作的主要环节和运动者掌握动作中存在的主要问题进行教学,不应过多强调动作细节。

(二)分化阶段

通过对动作技术的初步掌握后,初学者对该运动技能的内在规律也有了初步的理解,逐渐消除了一些不协调和多余的动作。这时候,大脑皮质运动中枢兴奋和抑制过程逐渐集中,由于抑制过程加强,特别是分化抑制得到发展。大脑皮质的活动由泛化阶段进入了分化阶段,因此练习过程中的大部分错误动作得到纠正,能比较顺利连贯地完成完整动作技术。这是初步建立了动力定型。但定型还尚不巩固,如果有新异刺激产生,多余动作和错误动作可能重新出现。在这个阶段,教练或教师要特别注意纠正错误动作,让运动者更加准确地掌握动作。

(三)巩固阶段

巩固阶段是在经过反复练习后,运动条件反射系统已经巩固,大脑皮质的兴奋和抑制在时间和空间上更加集中和精确。此时,不仅动作优美、准确,而且某些环节还可出现不需要意志支配就能做出动作,叫作动作自动化。在环境条件变化时,动作技术也不易受破坏,同时由于内脏器官的活动与动作配合得很好,完成练习时也感到省力和轻松自如。

从上述中可以看出,形成运动技能的三个过程是相互联系的,每个阶段都没有明显的界线。训练水平高的运动员在学习掌握新动作时泛化过程很短,对动作的精细分化能力很强,形成运动技能快。相比之下,初学者在新动作的学习时,泛化过程较长,分化能力较差,掌握动作较慢。动作越复杂,泛化过程就越明显,分化的难度也就越大,形成运动技能所需要的时间就越长。

(四)动作自动化发展

在完成了运动技能的泛化、分化、巩固阶段后,就会产生动作的自动化发展。所谓自动化现象,就是练习某一套动作时,可以在无意识的条件下完成的一种行为。自动化的特征是,对整个动作或者是对动作的某些环节,暂时变为无意识的,例如,走路是人类自动化的动作,在走路时可以谈话、看报,而不必有意识地想应如何迈步,如何维持身体平衡,又如熟练的篮球运动员在比赛时运球等动作往往也是自动化的动作。

在运动技能得到巩固后,第一、第二信号系统之间的联系,已经成为运动动力定型的统一机能体系。第一信号系统的兴奋可以选择性地扩散到第二信号系统,所以运动员可以精确地意识到自己所完成的动作,并可以用语言表达出来。

当动作出现自动化现象时,第一信号系统的活动已经从第二信号系统的影响下相对地"解决出来"。完成自动化动作时,第一信号系统的兴奋不向第二信号系统传递,或者只是不完全地传递,这时的动作是无意识的,或是意识不完全。动作自动化的程度对提高运动成绩有着很大的影响,但是不应认为动作达到自动化后质量就得到保证。虽然动力定型已经非常巩固,但由于进行自动化动作时第一信号系统的活动经常不能传递到第二信号系统中去,如果动作出现细微的错误,很可能一时不能觉察,等到一旦觉察,可能变形的动作已因多次重复而巩固下来。因此,在动作自动化的发展中,也要时刻保持动作质量的检查和纠正。

三、运动技能的分类

（一）连续、非连续和序列技能

人们根据运动开始和结束的位置,将运动技能分为连续性运动技能、非连续性运动技能、序列性运动技能三类,具体内容如下。

1.连续性运动技能

连续性运动没有明显的开始和结束,其动作呈现出不断重复的特征,运动时间相对较长,具有一定的周期性特征。

2.非连续性运动技能

非连续性运动没有明确的开始和结束,各动作也是有多种简单的动作构成,运动时间相对较短,并没有一定的周期性。

3.序列性运动技能

多个非连续性运动构成了序列性运动,该运动在各个环节都有一定的顺序和节奏,注重各个环节之间的连贯性。

第二章　跆拳道运动的学科理论基础

（二）封闭性与开放性运动技能

人们根据运动技能对外界环境的依赖程度分为封闭性运动技能和开放性运动技能。

1. 封闭性运动技能

封闭性运动技能主要依靠人体的感受器来实现信息的反馈和调节，通过多次练习便能够使得该运动技能稳定、协调。

2. 开放性运动技能

开放性运动技能依赖于外界环境提供的各种信息，在此基础上，人体综合各种外界环境因素做出相应的运动调节，以更好地促进运动技能的发挥。在进行开放性运动技能时，运动者需要实时观察外界环境以及队员的变化，对运动者的应变能力和预见能力等均具有较高的要求。

（三）小肌肉群和大肌肉群运动技能

根据操作某项运动技能时人体参与肌肉群体的大小，将运动技能分为小肌肉群运动技能和大肌肉群运动技能。

1. 小肌肉群运动技能

小肌群运动要求对较小的肌群进行控制，对精确性要求较高，需要用到人体的手指、手腕、眼等。常见的小肌群运动有射箭、射击等。

2. 大肌肉群运动技能

大肌肉群的运动技能需要较大的肌肉系统参与才能实现，需要各动作之间协调、流畅的配合，常见的大肌群运动有行走、跳跃、大力扣球等技术动作。

第三章 跆拳道技能教学基本理论

跆拳道技能教学同其他运动项目教学一样,也需要有一定的理论作为指导,这样才能顺利完成相应的教学任务,获得良好的教学效果。本章主要就跆拳道技能教学的基本理论进行研究。

第一节 跆拳道技能教学的基本特点与要求

跆拳道技术动作简单、实用、易学,寓搏击、规范、教育于一身。通过跆拳道的训练,使学生可以在行为规范、道德修养和完善人格诸方面得到提高与发展,达到健身、防身、修身的目的。跆拳道的教学具有其他体育教学的共性,同时也具有其鲜明的个性特点。它是以教育学和体育理论为指导,遵循运动技能的形成规律和人体机能活动变化的规律,通过学生身体的反复练习,不断激发学生思维并与身体练习紧密结合,掌握跆拳道运动技术的技能与技巧。在教学训练实践中,跆拳道逐渐形成了自己的教学特点和一整套适合跆拳道运动特点的教学阶段、步骤以及独特的教学方法与手段。

一、道德修养为体、礼仪礼节为用

跆拳道运动是通过身体的练习和磨炼来达到修身养性、完善人格的崇高目的。

身体行为是外在的表现,其透视出的内涵不仅仅是跆拳道的

第三章　跆拳道技能教学基本理论

技艺与技巧,更是人的内心世界包括情感、情操、行为、品质的反映。武德是每一个从事跆拳道学习与训练的人在一切社会活动中必须具备的道德修养和行为规范。跆拳道的教学与训练是强身健体、培养一定的自卫防身技能的过程,更是陶冶情操、培养一个人高尚道德品质的有效手段。因此,在跆拳道教学与训练中,礼仪礼节的学习与训练,始终是我们每次课的必修科目而贯穿于每个动作练习的全过程。

作为一个跆拳道教授者,不仅要"授业"与"解惑",更需要"传道";不但要具备良好的专业技术水平,更应在行为规范上严格要求自己,做学生的楷模;是学生的良师更是益友,营造出一个和谐活泼的教学环境,教学相长,磨炼技艺,在潜移默化中不断培养、提高学生良好的道德品质和坚韧不拔的拼搏精神。

二、合理规范、强调实效

合理规范的基本技术是构成变化万千的技战术动作和保证击打实际效果的基础。它既是人体生物力学原理在跆拳道运动中的真实反映,也是千百年来跆拳道运动实践经验的总结。

因此,在跆拳道教学中应重视技术动作的规范性,要严格动作的技术要领、运行路线、发力顺序等,对每一个动作要素应做到精益求精;对每一个动作细节要精雕细刻。一丝不苟地反复练习,才能使技术动作的击打真正做到路线明确、方法清晰,力点稳准、劲力顺达。训练中一旦出现错误的动作和方法,要及时、反复地予以纠正,直至改正错误并形成正确动作的动力定型。

任何技术动作都是为实战比赛服务的,只有经过实战比赛检验的技术动作,才能证明其实效性。作为直接交手对抗的项目,跆拳道的一切技术动作的教学训练都应围绕实战比赛而进行。因此,跆拳道教学必须要从"对抗"这个跆拳道的本质特征出发,使学生在学习过程中,清楚地明确每一个技术动作在实战比赛中的作用和应用价值;要使学生清楚地了解、掌握每一个技术动作在不同的情势下不同的运行路线、不同的方向角度、不同的运用方法等。每一个技术动作的变化都是实战比赛变化规律和特点的需要，只有紧紧抓住这个变化规律与特点，我们的教学训练才能真正做到练战结合，技术动作的实效性才能在实战比赛中真正地充分体现。

三、循序渐进、因人而异

由初学到娴熟、到精巧、再到运用自如，这样一个逐步学习、逐渐适应的过程，是任何一个运动项目技术动作形成的必经之路。跆拳道的技术动作学习也概莫能外，同样要遵循运动技能形成的规律而循序渐进地进行学习。学习时一定要从最基本的拳法、腿法、步型、步法学起；从单个技术动作到两个或多个技术动作组合；从原地练习到行进间练习再到自由移动练习；从踢固定靶到踢自由靶；从条件实战到实战；品式学习从基本架式到太极一章到高丽、汉水直至一如，无不是由简而繁，循序渐进、脚踏实地一步一个脚印地走过来，切不可操之过急，揠苗助长而适得其反。不同的学生有着不同的身体机能水平、运动素质、心理品质、接受能力及承受负荷刺激的能力，因而在跆拳道教学中，既要根据学生的平均水平制订相应的教学计划、任务和达到的目标，也要考虑到个体差异。要有针对性地采用不同的教学方法，区别对待，以充分发挥学生的自身条件，形成自己的技术特点与风格。值得注意的是，即使是同一个学生在不同的学习阶段，其运动素质、心理品质、接受能力等个性特征方面也有所不同。所有这些都要求教师必须根据教学对象和学习阶段的不同，区别对待，有针对性地采用不同的教学方法和练习形式，使之更加符合学生的实际情况。

四、相互配合、共同提高

跆拳道比赛是两人同台竞技的对抗性项目，因而跆拳道练习中两人配合来共同提高技战术水平是跆拳道学习训练的重要形

第三章 跆拳道技能教学基本理论

式之一。两人配合的练习形式多样：如相向空击、踢靶练习、一攻一防的攻防技术练习、喂靶或喂护具靶练习以及条件实战、比赛实战等。这种配合练习主要是根据教学训练课的任务以及技战术动作的具体要求，有计划、有目的地合理安排。跆拳道的本质特征是"交手"与"对抗"，比赛中的一切行动总是围绕攻与防这个永恒的、矛盾的主题而进行；双方总是在攻与防的反复交互中，体现出最高的技能技巧和心智水平。如何提高主体练习者的技战术动作的运用能力及临场的应变能力就成为两人配合练习的重点所在。基于此，在练习时，一定要教育学生树立为对方服务的良好品质，要清楚地认识到在服务对方的同时，也是在提高自己的技战术水平，要一切从对方的实际水平出发，尽可能地满足练习对象的不同需求；无论是动作的速度、力度、方向、角度，还是动作变化的难易程度都要以对方的最佳适应性为度，这样才能达到最佳的练习效果。同时我们应清楚地认识到，配合练习不仅是提高、完善技战术动作的有效途径与手段，更是培养学生团队精神和甘愿奉献的崇高品质的最佳形式与方法。

五、突出重点、举一反三

跆拳道动作简洁但要求甚高，对每一个动作都要精雕细刻，讲究技巧，比赛中多以心智取胜。虽然跆拳道腿法众多，但彼此之间都有着千丝万缕的联系，训练中若能抓住它们的共性和规律，无疑对教学训练有着事半功倍的作用。基于此，我们在教学中要从基本动作抓起，结合学生的实际情况如身体形态、运动素质、技战术能力与水平等，选择有针对性的技战术动作进行强化训练，使他们逐步形成自己的特长动作和"绝招"，进而以此来带动其他技术动作的全面发展。特别是在战术动作的训练中，无论采用何种腿法、拳法进攻反击，它们的战术原理是相通的，都需要良好的战术意识和快捷的应变能力；都需要提高与完善学生对时机、距离乃至空间的掌控能力；都需要缜密准确的预判能力和巧于心思的智慧计谋;更需要临难不恐的良好心理品质。可通过一些典型、实用、简单而具有共性与规律的技战术动作,进行练习或实战,待学生随着教学训练的不断深入,技战术能力与水平逐渐提高后,再不断丰富、完善攻防技术动作的内容与方法,直至学生全面掌握跆拳道的技战术动作内容与运用技能和技巧。

六、跆拳道教学应注意的问题

跆拳道比赛和实战是双方相互进行攻击的对抗性项目,对抗中运动损伤会时常发生,因此尽量减少和杜绝伤害事故是跆拳道教学中的主要任务之一,教师要对学生进行安全教育,必须严格课堂纪律,遵守课堂常规,保持良好的教学秩序;无论进行何种练习,都要注意力高度集中,认真对待,严禁开玩笑(特别是在两人配合练习或实战对抗中)。练习时要使学生明确练习的目的、任务、方法和要求。切实落实安全措施,做好充分的准备活动,确保练习时学生的安全。

第二节 跆拳道技能教学的阶段与步骤

教学过程是学生在教师的组织和指导下,通过教学活动掌握知识、技术和技能的过程。跆拳道教学分为品式教学和竞技跆拳道技能教学。因此,在教学过程中,必须以技术动作的规范性和从实战的角度出发,使学生在反复的练习中,规范基本技术动作和品式动作,提高技术运用能力和实战技能。跆拳道教学无论是品式还是实战技能教学都可分为三个阶段。

一、跆拳道教学的阶段划分

跆拳道教学和一般教学过程具有共同点,表现形式都是教师有目的、有计划地指导学生积极地掌握一定的知识技能,并在这个基础上发展学生的认知能力,培养学生优良思想道德品质的过程。

(一)泛化阶段的教学

泛化阶段是初步建立动作的运动表象的过程。其主要任务是通过教师的讲解、示范等,让学生对所要学习的新动作有初步的概括性了解,获取感性认识,并粗略地掌握动作。

在此阶段内,学生的大脑皮层的神经联系处于泛化阶段,学生完整的动力定型尚未形成,表现出动作紧张不协调,完成某一个动作时极易出现多余动作等。

基于此,我们在教学过程中不宜过多地强调动作的细节,而应以动作的主要环节为教学重点和突破口,紧紧抓住学生在掌握动作过程中的主要问题,通过教师简练的讲解,正确的示范,来加深学生对正确动作的理解,促进学生尽快地形成动作的正确概念。教师要注意从不同的方向、角度、部位来进行示范,使学生能够清楚地观察到动作运行的路线与过程、方向与角度的变化、发力的部位与顺序以及击打的部位与落点等,以期达到初步掌握动作的目的。

(二)分化阶段的教学

在此阶段内,教学的主要任务是使学生巩固正确的动作,提高动作的协调性和动作质量,逐渐形成动力定型。在教师的指导下,通过在一定条件限制下的两人配合练习,不断提高对技术动作的运用能力,其中包括对时机、距离、空间的判断能力等,进一步培养进攻、防守和反击的实战意识和提高临场应变能力。

在不断的练习过程中,学生对运动技能的内在规律有了初步的了解,逐步消除了部分动作的不协调和多余的动作。此时大脑皮层的条件联系由泛化进入分化阶段,大部分错误和不合理的动作得以纠正,基本上能较顺利地、连贯地完成技术动作,初步建立了正确的动力定型,但定型不稳定,此时如果遇到新的刺激或干扰,错误的、不合理的动作可能还会出现。因此,教师在教学中一定要抓住学生存在的主要问题,反复强调并进行反复练习。对错误动作的纠正要及时,可采用对比和综合分析的方法,帮助学生体会动作的细节,促进分化抑制的进一步发展,使动作日趋规范准确。此时要结合对技术动作各个要素的分析,强化、提高学生对动作技术的理性认识。

(三)巩固和自动化阶段的教学

此阶段是通过进一步的反复练习,把已经建立的条件反射不断巩固与强化,从而建立正确良好的动力定型,使大脑皮层的兴奋和抑制在时间和空间上更加集中和精确。此时的动作技术不仅精准、熟练,更有较好的协调性、连贯性,而且随着运动技能的进一步巩固和发展,在暂时联系达到非常巩固的程度后,动作可出现自动化现象。这对于跆拳道技能的提高是非常重要的。在瞬息变化的跆拳道比赛中,动作自动化可使第二信号系统的活动摆脱第一信号系统的束缚,使之更加专注于战略、战术的变化,及时捕捉时机。

这一阶段主要是通过各种形式的条件实战和实战对抗,进一步提高动作的稳定性和完善自动化程度,提高技术动作运用的实效性,以培养学生在各种情势下运用动作的应变能力。在教学过程中教师可根据教学意图和目的的不同,有针对性地选择不同水平层次的练习对手进行一对一的实战练习,使学生在变化万千的对抗中,尽快熟练技术并不断提高动作质量。但请注意:动力定型达到一定程度后,一定要进一步进行强化练习,使动力定型更进一步完善、稳固,否则动力定型了的动作就会消退。此时,教师要不断地对学生提出更高层次的要求,如变换对手(不同身高体重或水平能力的对手)、变换练习条件(增加练习难度或提高动作指标)等,使学生不断加深对动作技术的理性认识而促进动作更加精益求精。

第三章　跆拳道技能教学基本理论

在跆拳道教学中,运动技能形成过程的几个阶段并不是截然分开的,而是逐步过渡、循序渐进的一个过程,而整个过程的长短受诸多因素的影响,与教学方法、训练水平、身体条件以及学生的接受能力、学习的积极性、目的性有着密切关系。因此,教师在教学过程中,在运动技能形成的不同阶段,要善于选择并采取有针对性的教学方法和练习手段,使运动技能早日形成并日趋完善与巩固。

二、跆拳道教学的基本步骤

(一)初步了解学会动作

学生学习跆拳道时首先要在了解技术的基础上初步学会动作,对动作要素如动作的运行路线、发力顺序、击打力点以及速度、力量、距离有一个概括性的感性认识。此时学生对技术动作的条件反射刚刚建立,稳定性差,易受外界干扰而变形。因此,教师在教学中不应过分强调学生练习时的技术动作细节,但一定要抓住动作的关键技术,应多采用示范讲解和分解教学的方法,帮助学生对技术动作的规范性与准确性有一定的了解和初步体会。

(二)掌握方法与技巧

学生在初步了解和掌握技术动作之后,这时教师要强调和引导学生认真体会技术动作的要领及用力技巧,同时尽量消除动作练习中的多余动作,帮助学生不断改进动作细节,并尽量减少和消除动作启动的先兆,使动作练习完成得更加规范、协调、完整、连贯,并通过反复的强化练习,增强学生的格斗攻防意识,使动作的条件反射更加稳固。

(三)组合动作

在初步建立技术动作规范正确的动力定型之后,为了进一步强化和巩固技战术动作,提高学生技战术动作的运用能力,就必须有针对性地进行配对的组合练习。所谓组合练习就是将不同的技战术动作,根据不同的需要,有针对性地有机结合成各种类型的技战术串联组合,以多种练习形式为手段的训练方法。组合练习要根据不同的教学阶段、教学目的和教学任务,提出不同的要求,从单个动作到两个动作组合、到多个动作组合;从单一战术到复合战术,以及各动作要素之间的相互关系,都必须仔细考量,缜密斟酌,在学生的现实技术能力和水平上保持一定的限度,循序渐进,逐步深入。只有所有的训练要求与条件符合学生的实际情况,才能使练习达到最佳的教学效果。

(四)条件实战

随着训练的不断深入,在经过一段时间的练习、学生对动作技术有了更为深刻的理解和掌握之后,可在一定条件限制下进行实战练习。进行条件实战时一定要根据学生的实际情况和练习目的,选择相应的条件实战练习内容。在不同的条件下,加深学生对不同技术、战术、时机、距离等一切与比赛实战有关因素的纵深理解,提高技战术的临场运用能力,同时培养学生的空间感、距离感和对时机的把握能力,特别是跆拳道比赛实战中的预判能力、反应能力、应变能力,更是条件实战训练中的重中之重。卓有成效的条件实战训练是保证成功过渡到实战训练的基础和前提。

(五)实战

所有的技战术练习都是为比赛实战服务的,其训练的实际效果如何,最终总是要接受实战的检验。因此,实战是跆拳道所有练习步骤的最后一站,同时也是技术学习的最高阶段。只有通过实战才能检验学生的技战术能力与水平是否能满足比赛的需求。同样,从实战训练的反馈中,我们可以获得这样的信息:动作质量和教学效果是否达到预期的目的,从另一侧面也反映出我们的教学方法与手段是否符合学生的实际情况。

教师要善于从实战中发现学生技战术动作特别是运用能力存在的不足,依据实战的反馈信息,有针对性地帮助学生分析、总结,找出自己存在的问题和解决问题的方法,不断提高自己的实战能力。

第三节　跆拳道技能教学方法与手段

一、跆拳道技能教学的方法

跆拳道技能教学方法是实现跆拳道技能教学目标、开展技能教学活动的主要途径和手段,教学方法的有效性关系着教学目标实现的程度,而教学方法的科学性又对技能教学的质量具有决定作用。因此教学方法的选择特别重要。下面主要阐述初步掌握动作阶段与形成正确技术动力定型阶段跆拳道技能教学的主要方法。

(一)初步掌握动作阶段的教学方法

1. 示范教学法

示范法就是指教师在跆拳道技能教学中以自身的动作作为跆拳道运动技术动作教学的范例,来对学生的训练进行指导的方法。这种方法可以使学生对所学动作的结构、形象、技术要领和完成方法有所了解,从而有助于学生建立正确的动作表象。在跆拳道运动技术教学过程中,教师通过运用正确、优美、轻快的动作向学生进行展示,可以进一步调动学生学习的兴趣。在采用动作示范方法时,应注重示范的目的性。如果是为了使得学生了解跆拳道动作的基本形象,示范动作可稍快;如果动作示范是为了使学生了解相应的动作结构,并引导学生进行学习,则动作应稍慢,可略夸张；如果是示范相应的重点和难点动作，可多示范几次。教师示范的跆拳道动作一定要注重正确性，避免对学生形成误导。另外，在实际的教学过程中，将示范法与讲解法相结合，可以使学生对跆拳道运动技术动作的结构和特点有清晰的认识和理解，从而建立完整的动作概念。

教师在示范动作时，要注意自己示范的位置与方向，目的是保证每个同学都能清楚地看到自己示范的动作。跆拳道技能教学中，教师通常运用四种示范面来进行示范，即斜面、侧面、镜面和背面。教师示范时的位置也很重要，主要是要以学生的队形为依据进行调整，具体分以下几种情况。

（1）如果学生是横向站队，而且只有一列或两列时，教师站在学生队列的前面。

（2）如果学生是纵向站队，而且分为两路，教师就站在两路纵队的中间。

（3）如果学生以马鞍形或半圆弧形的方向站成一列或两列横队，教师站在队形的中间。

（4）如果课堂中参与教学的学生比较多，学生就横向站立，分为三列或四列，教师示范时要求前两排学生屈膝蹲下（也可以坐下），前排与后排的同学要左右错开蹲，这时教师在队形的前面进行示范，保证学生能够清楚地看到。

2.语言教学法

作为语言法中的一种方法，跆拳道运动教学中常用的讲解法有自陈法、侧重法、概要法、提问法、分段发、联系法和对比法。在跆拳道技能教学中，教师通过运用讲解法，用生动、形象、精练的语言来对跆拳道运动技能进行讲解，使学生对跆拳道技能有一个初步的了解，并在实践的过程中逐步形成跆拳道技能的概念。

在运用讲解法时，要求教师讲解要突出重点、层次清晰，尽可能地做到通俗易懂。在跆拳道技能教学中，教师对学生可采用教学口诀来使语言更加精练。教师讲解要清晰、准确，这可以帮助学生对跆拳道运动技术动作和动作过程留下深刻的印象,并通过结合运动表象,来缩短学生技术动作形成的时间。跆拳道技能教学中,教师讲解的主要内容有以下几点。

(1)跆拳道动作名称与类别

教师要准确讲解跆拳道基本动作,使学生初步了解与认识跆拳道动作的概念和类别。例如,讲解后旋踢动作时使学生认识到这是防守反攻动作,讲解横踢动作时使学生明白这是进攻动作。

(2)站位姿势

教师要通过生动的讲解来使对站位姿势进行准确把握,也就是让学生掌握怎样以对手的站位姿势变化为依据来调整自己的站位,并明白某一动作在对方处在什么站位时可以使用,可以取得良好的效果。

(3)基本要求

基本要求是做跆拳道动作时需要达到的动作规范程度。例如,教师在讲解横踢时,向学生指明要绷直脚面,髋部转动并起到带动大腿的作用,小腿要弹出;讲解拳击,要使学生知道要用拳的正面进行击打等。

(4)动作关键

教师在讲解某一动作时,要重点讲解关键的部分,学生对关键动作有所掌握后,就会很快学会这一动作,并达到一定的标准与规格。

(5)常见错误与纠正

当学生要练习跆拳道动作时,教师要事先将这一动作易犯的错误向学生讲明,使学生了解之后能够在具体的练习过程中有效避免这一错误的发生。教师也可以在学生练习的过程中指明其错误,使学生能够自己纠正。

3.学生试做

教师讲解与示范完跆拳道的技术动作之后,学生要根据教师所讲的与所做的进行尝试性的练习,对动作进行体会。学生在试做时,为了顺利获得跆拳道动作技术的运动感觉,就需要有机联合自身的听觉、视觉与本体感觉。

通过对学生的试做进行观察,教师能够对学生理解跆拳道技术动作的程度进行检验,从中将学生的一些不足与缺陷指出来。教师要对技术动作的关键环节进行着重检查,对学生没有掌握的内容进行重复讲解与示范,以强化学生对跆拳道技术动作概念的形成。一般情况下,教师在讲解与示范跆拳道技术动作时,遵循以下顺序:基本站立姿势→步法腿法→身法→击打部位→结束姿势→连接动作。[①] 下面以横踢技术动作为例进行讲解。

(1)以右架准备姿势站立,左腿支撑身体重心。

(2)右大腿向前上方抬起,向左转动髋部,保持膝盖向前方,要绷直脚面。

(3)右大腿继续向前上方抬起,向左后方向倾斜身体,小腿在身体倾斜的同时弹出,髋骨保持向左。

(4)运用脚面部位对对方的胸部与腹部进行击打。

(5)完成击打动作后,自然地把右脚放下成左架,右脚向后撤,还原右架准备姿势。

(二)形成正确技术动力定型阶段的教学方法

1.完整教学法

完整法指的是从动作开始到结束,完整地进行教学和练习的方法。一般在技术动作的难度不是很高,或技术动作不可进行分解时,会采用完整法进行教学。另外,在首次进行动作示范时,也会采用完整法来进行动作技术形象的示范。跆拳道中像劈腿这种比较简单的技术动作就可以通过完整教学法来进行教学。

完整法其优点在于动作协调优美、结构简单、方向路线变化

---

① 刘勇新,俞冠先,等.跆拳道教学模式探索与实践[M].北京:中国原子能出版社,2007.

第三章　跆拳道技能教学基本理论

较小,各部门之间具有密切的联系。其缺点在于对一些复杂的动作而言,采用这种教学方法会为教学带来一定的困难。例如,在横踢动作的教学过程中,如果采用完整教学法进行教学,刚开始接触跆拳道运动的人通常在掌握其中的一些技术动作时会感到困难,如提膝、转髋、发力弹腿等。

为了便于学生进行学习,促进跆拳道技能教学活动更好地开展,应注重以下几方面的问题。

(1)在讲授一些简单和易于掌握的跆拳道动作技术时,教师可以先进行完整的动作示范,示范之后,学生直接完成完整的动作练习。

(2)有些技术动作无法分解,这时要采用完整教学法。需要注意的是,在采用这种方法时,要对其中的各项要素进行必要的分析,如动作的用力、动作转变的时机等。但是,不能拘泥于动作的细节,要从整体上进行把握,确保动作的完整和流畅性。

(3)对于一些难度动作,可适当地降低其难度,可先通过降低难度或是徒手完成相应的动作,在此基础上逐渐增加难度。需要注意的是,降低难度时,不能使技术动作出现错误,这是其基本要求。

(4)采用完整法进行跆拳道技能教学时,可适当改变外部的环境条件,在外力条件的帮助下完成相应的完整动作。

(5)如果要运用完整教学法对一些复杂的有难度的动作进行教学时,教师要注意将这一动作的重点与关键环节凸显出来。教师要先对这一难度动作的基础知识进行重点讲解,然后再对动作的细节进行逐一讲解。教师也可以先对学生完成动作时的方向或击打部位提出要求,然后再对动作速度和规格提出要求。教学中为了使学生的动作准确无误,可采用诱导性的教学方法,使学生达到相应的教学要求。

2.分解教学法

分解教学法即为将完整的动作划分为几个部分,逐步使学生掌握完整的动作技术。这种方法适用于难度相对较高,并且动作可分解的运动项目。采用这种教学方法时,能够将复杂的动作分解为简单的动作,从而使技术难度降低,更加有利于学生的学习和掌握。例如,转体、提腿、后蹬、结束姿势是后踢动作的四个主要环节,分别对这几个环节进行教学有利于学生的快速学习与掌握。

在运用分解法进行教学时,应注意以几方面的问题。

(1)应仔细分析动作技术的特点,采用合理的方式对其进行分解,注重时间、空间等方面的有序性和统一性。

(2)将完整的技术动作分为多个环节时,应注重各个环节之间的联系,注重动作结构之间的联系性。

(3)在熟练掌握各阶段的动作之后,要注重各个环节之间的动作衔接,要保证其过渡的流畅性,形成有机的整体。

3. 重复教学法

在跆拳道技能教学中,教师要有意识地对教学条件进行简化,以提高学生形成正确技术动作动力定型的速度。在配合条件下,学生可以在教师的指导下连续重复地对某一跆拳道技术动作进行不断练习。例如,学生在对前横踢动作进行练习时,要首先明白弹腿击打是前横踢的关键动作,所以重点先对这一动作进行集中练习,而提腿、上步、前移重心等动作的练习可以不必要求过高。当学生对关键动作进行反复练习后对其有了基本掌握时,再重点练习其他动作,而且同样要提出规范性的要求,最终将这些动作结合起来进行完整练习。

在运用重复法进行教学时,学生一次性顺利完成动作练习的难度较大,这一过程并不是顺利的,学生在练习中总会表现出这样或那样的不足与缺陷,所以教师要及时发现学生的错误,并引导学生对错误动作进行改正。教师也要注意在事先将可能出现的错误告知学生,使学生能够有意识地避免错误动作的产生,这将有利于学生正确技术动力定型的尽快形成。

4.探究教学法

探究教学法是指教师在跆拳道技能教学过程中,引导学生发现问题、分析问题,最终解决问题,使学生在积极探索、研究的过程中获得跆拳道知识和掌握跆拳道技能的教学方法。

探究教学法符合现代教学教育理论对学生的要求,也是新体育课程强调学生主体性理念的重要表现,因此在跆拳道技能的教学实践中日益受到重视。跆拳道技能教学中运用探究教学法应注意以下几点。

(1)有明确的目的性。教师在跆拳道技能教学时应预先提出要探究的课题或将要完成的教学任务,以便于更好地达成跆拳道技能教学的目标。没有目的、不符合教学实际的探究活动,不仅会浪费课堂时间,还会妨碍跆拳道教学目标的实现。

(2)符合学生的知识储备。教师的教学必须以学生的跆拳道知识储备为前提,教学内容太简单很难调动学生的学习兴趣;教学内容太难会导致学生对学习失去信心。因此在教学前必须了解学生的跆拳道知识基础,引导学生进行力所能及的探究。

(3)教学不能为探究而探究。跆拳道的教学与训练都要求学生具备一定的发现问题、分析问题和解决问题的能力。因此教师必须转变学生学习跆拳道方式,但应注意不要在教学中刻意安排跆拳道的探究教学,这种做法是不科学的。

(4)在教学过程中,针对学生通过努力仍然有一定解决难度的探究性问题,教师应加强对学生的引导、启发与鼓励,但不能代替学生进行跆拳道技能的探究活动。

二、练习形式

在初步掌握动作之后,学生技术动作的运用尚未具备和达到娴熟与稳固的程度,需要在教师的监控和指导下进行反复的强化练习,才能逐步形成正确的动力定型直至达到完成技术动作的自动化。在跆拳道教学过程中经常采用的练习形式有个人练习、双人练习、分组练习和集体练习。

(一)单人练习

单人练习顾名思义就是学生独立进行练习的方法。练习时学生可以自己体会技术动作的要领、路线、方向、角度以及发力顺序等动作要素;也可以有目的地根据自己的实际情况进行动作速度、击打力量和击打准确性的练习。此时,教师一定要注意观察学生的技术动作,及时发现动作错误,并及时进行纠正和个别辅导。单人练习的优点在于:能够培养和发挥学生的个人思维能力和想象能力,调动个人的主观能动性;而且可以自我调节运动节奏与运动负荷的强度、密度;特别有利于技战术及训练的个性化的发展。

(二)双人练习

在跆拳道教学训练中,双人练习既是最重要的练习形式之一,也是跆拳道教学中经常采用的练习方法。双人练习要在教师的指导下,结合教学课的目的与任务,有针对性地安排练习。它要求练习双方一定要积极有效地配合,相互取长补短,互帮互助,共同提高技战术水平。双人练习的优点在于:其形式更加符合跆拳道比赛和实战的特点,有利于学生运动技术技能的快速形成,特别是在培养学生对时间、距离、空间、时机等一切与比赛实战相关因素的判断能力方面,有着其他形式无可替代的地位与作用;同时也有利于学生间的相互帮助、相互学习,培养学生的团队精神和集体荣誉感;更有利于形成独特的个人技战术风格与特点。

(三)分组练习

分组练习就是根据实际情况将学生分成若干个小组进行练习。练习时可以挑选学生中技术较好的技术骨干轮换进行指挥。

同时应鼓励学生对技术动作进行分析研究,发表自己对动作技术的看法与体会,充分发挥学生的主观能动性;各组之间也应互相学习与交流,在条件许可的情况下,组与组之间可以以比赛的形式来激发学生的学练兴趣与激情;在进行分组练习时,教师应加强对全局的掌控,抓住共性,分别指导,对学生的练习要进行全程监控与指导,保证学生能按质按量地完成教学任务。分组练习的优点在于:能充分发挥学生中技术骨干的示范带头作用,对技术较差的学生进行帮助和指导,充分培养小组长的组织与指挥能力,有利于培养学生的集体主义精神和互相帮助的良好学风。

(四)集体练习

集体练习是在教师(或技术骨干)领做或用口令指挥法集体统一进行练习。领做的实质是一种示范形式,要注意选择合理的示范面和示范位置。同时口令指挥的声音要洪亮、干脆而利索,节奏感强,必要时可以穿插简单扼要的讲解或提示。对于错误动作一定要及时纠正。集体练习的优点在于:方便教师整体观察和了解全貌,抓重点、抓规律、抓共性,有利于建立正确的动力定型。同时也有利于教师灵活掌控练习的次数、频率及总的运动负荷;另外,对培养学生的集体主义精神也有积极的作用。

三、练习手段

(一)空击练习

空击练习就是不借助任何辅助条件而徒手进行的练习,是为了熟练掌握技术动作的重要训练手段之一。它能有效地使技术动作形成动力定型,加强条件反射意识,提高动作的速度。且可进行单人、双人、分组或集体练习。

在进行空击练习时一定要根据练习目的要求的不同而有所侧重。练习基本技术时,应强调动作的规范性,认真体会动作的发力技巧、动作的运动轨迹与角度、击打力点等技术要领及动作的细枝末节。而进行组合技术或战术练习时则要强调用意识来支配动作,合理编排动作组合,强化攻防的目的性。进行空击练习时要注意循序渐进,遵循单个技术动作—组合技术动作—随机组合技战术动作、原地的空击—结合步法的行进间空击—自由移动空击这样一个由易到难、由简而繁的训练规律与过程。

另外,进行空击练习时,为避免运动损伤,要注意做好各关节的热身活动,注意控制击打力量。练习中,教师应在一旁仔细观察,一旦学生出现错误动作及时进行纠正。也可以进行镜面练习,以便学生自己随时监控、检查技术动作的规范性。

(二)反应练习

反应练习就是学生根据教师或同学所给的信号做出动作反应的练习方法。常以单个技术为主,可以击中目标,也可以保持一定的距离进行相向空击练习。一般常用的信号有口令、手势、脚靶和护具靶等。由于信号具有突然性和不规律性,可有效地提高学生单个技术动作的速度、反应速度,提高对各种信号的判断能力和击打的准确性。同时还可以有效地培养学生对距离和空间的把握能力。

进行反应练习时,要求教师或同学一定要根据学生的实际能力水平,灵活掌握所给信号的速度和变化频率,既要保证所给信号的突然性和真实性,又要保证不使学生有所察觉。因此,信号要清晰明显,给靶要准确,以免模糊不清而造成判断失误。信号(靶形与靶位)—反应(击打动作)的模式可以预先拟定好,要求学生严格执行,所有的练习要反应及时,动作准确,绝不放过任何击打的时机。快速是反应练习的首要要求,所以应尽量在体力充沛的情况下进行反应练习(训练课的靠前部分);为保证动作的质量,动作信号不宜太过复杂。

(三)攻防练习

攻防练习是两人一组,依据攻防运动的规律和训练课的具体

第三章 跆拳道技能教学基本理论

任务,有针对性地进行练习的手段。初练时可以进行指定单个技术动作的一攻一防的练习;然后再逐步过渡到指定组合技术动作的攻防练习;随机性的攻防练习,是两人攻防练习的最后一站,无论是单个还是组合技术动作的攻与防练习,都是一方无规律、无预兆的发出动作而另一方视情况做出相应防守动作的练习,目的在于提高双方攻防动作的突然性和应变能力,最终做到随意组合,灵活运用。

攻防练习能有效地提高练习者进攻技术动作和防守技术动作的规范性,较快地建立和培养学生正确的本体感觉和攻防意识。由于攻防练习是有条件限制(一攻一防而不可反击)的练习手段,因此在教学的初级阶段有利于消除学生的害怕心理而较多采用。需要强调的是,尽管是攻防练习,也应要求学生在防守之后必须要有反击意识,并在练习过程中有意识地思考反击的形式与动作,这样才有利于防守—反击条件反射的建立。

(四)踢靶练习

1. 脚靶练习

在不同的训练阶段,脚靶练习有不同的要求和目的。在教学训练的初、中期,踢脚靶练习主要是为提高学生动作的反应速度、动作速度和熟练程度以及规范动作质量的一种练习手段。当学生技术动作形成稳固的动力定型后,踢脚靶练习就是为了达到某种技战术意图而由教师或同学借助脚靶来帮助学生提高技战术质量与运用能力的练习手段。

2. 护具靶练习

护具靶与脚靶练习的不同之处在于护具靶更能接近实战时的攻防距离,更能培养、提高学生的脚感和脚与靶的吻合度。因此,学生在经过一段时间的脚靶练习后,应尽快过渡到护具靶练习或脚靶、护具靶交替练习,进一步提高学生对距离、空间、时机的感觉,加快过渡到实战训练的步伐,满足实战训练的要求。

脚靶、护具靶练习,其练习形式有固定的、移动的、事先约定好的、随机而发的;其内容有进攻的、反击的、防反的、反反击的;还有专门为调动对手而出示的假动作靶以及专为击打落空而改变动作的反应靶等。无论是脚靶还是护具靶练习,练习中给靶的距离、方向、角度、位置以及节奏的设置与变化,都必须保证与比赛实战相近似,以提高学生动态击打能力和临场应变能力。它要求给靶快速、逼真、及时、到位,学生踢靶练习要快捷准确、转换迅速、衔接流畅;强化战术意识和运用能力,提高对击打时机与距离的掌控能力,发展跆拳道的专项比赛实战素质。

(五)变换练习

变换练习法是指一种对运动负荷、练习内容、练习形式及其条件实施变换,以提高学生积极性、趣味性、适应性及应变能力的训练方法。变换训练法是根据跆拳道实际比赛过程的复杂性、对抗性程度的激烈性、运动技术的变异性、运动能力的多样性、中枢神经系统的灵活性等一般特性而提出的。通过变换训练,可使机体产生与跆拳道专项匹配的适应性变化,可使学生的不同运动素质、运动技术和运动战术得到系统的训练和协调发展,从而提高承受跆拳道比赛时不同运动负荷的能力和实际运动的应变能力。

1. 加难练习

加难练习主要是为了在高于比赛实战的条件下,提高技战术动作的质量、运用能力、攻防动作的成功率和培养学生良好的心理品质而进行练习的方法。其核心是在原来正常要求的基础上,提高动作完成的质量要求,增加练习的密度、强度和心理负荷。练习时可以安排能力较强的对手进行配对练习或实战,也可以用车轮战的形式,安排不同技战术风格特点的学生来进行条件实战或比赛实战的练习,以增加实战的局数、延长实战的时间,提高实战能力和耐久力。

第三章　跆拳道技能教学基本理论

加难练习能有效地提高学生的技战术水平,加大对神经系统的刺激强度,从而建立稳固的运动条件反射,提高学生的比赛实战能力,培养学生顽强的意志品质和敢打敢拼的训练作风。但应特别强调的是,加难练习时必须对学生的实际能力和水平进行全面的考量,科学合理的安排,循序渐进,切不可盲目从事。否则只会适得其反,甚至会发生不应有的教学事故或伤害。

2. 变易练习

变易练习与加难练习相反,变易练习是在原来正常要求的基础上降低了对动作完成的质量、练习密度与强度、心理负荷等方面难度的练习方法。

变易练习可以增加学生对学习训练的兴趣和信心,对那些已经初步掌握动作,但自信心不强,总是担心做不好的学生,在初级阶段为尽快建立条件反射和巩固动力定型而采用变易练习是很有必要的。例如:某学生刚刚学会后踢技术动作,但在实战中不能有效地堵击对手时,可安排前横踢差一些的对手进行配对练习等。

3. 想象练习

想象练习是学生在每次练习前,回忆教师讲解和示范的动作情景,使动作的主要环节在脑海中形成表象,从而使学生练习的动作更趋于规范的学习与方法。它对于提高学生的自我学习、自我训练、自我竞赛等综合能力十分重要。

在跆拳道训练中,想象练习就是要求学生在练习时有意识地去想象对手的技战术风格和打法特点;想象某一比赛的场景;对某一技战术进行思维、表象等。

无论是进行空击、踢靶、踢沙包练习还是步法练习都应时刻告诉自己,我的对手就在面前。

在想象练习时可通过对完成动作的思维、想象和体验活动来作用于心理、生理系统,加快神经系统的条件反射过程,促使完成动作的过程和概念迅速得到熟练与加强,这样无数的反复就可以达到自动化程度。

进行想象练习,一定要求学生对技术、战术的概念要清楚,动作到位,意识准确,时机和节奏的变化也要符合实战的特征。要引导学生在安静、放松的状态下进行练习,尽量排除外界环境和意识的干扰,以达到最佳的练习效果。同时,想象练习没有危险,能够消除学生的恐惧心理,减少运动损伤的发生。想象练习不受时间的限制,业余闲暇时间也可以进行想象练习,想象练习重复越多,其作用越大。

(六)模拟练习

模拟练习就是从实战的角度出发,模仿实战中的某些技战术运用特征和打法特点或某一实战场景的氛围,有针对性地进行练习的方法。模拟练习对培养学生战术意识、提高学生心理承受能力以及临场应变能力等诸多方面有着很好的效果。

练习中对模拟对象的把握必须要形象、逼真,动作要准确、到位。练习时严格要求学生必须根据具体的情况迅速做出相应的反应,这种反应的选择要合理、正确,只有合理而正确的技战术动作才能取得预期的进攻、防守与反击的实际效果。因此,在练习中,对时机的把握、距离的控制、空间判断的能力以及动作的速度与击打力量等一切与比赛实战相关的诸多方面,都要从难、从严、从实战出发来保证练习的质量,从而满足比赛实战的要求。

(七)踢击沙包练习

踢击沙包练习就是利用沙包作为击打目标的一种练习方法。是跆拳道教学中经常采用的练习方法和手段。踢击沙包练习可以提高击打力量、连续进攻的频率和专项耐力素质。同时对近距离实战时运用组合技术动作攻击能力的培养与提高,具有显著的效果。

踢击沙包练习的目的与任务不同,其方法亦不相同。无论出

第三章 跆拳道技能教学基本理论

于何种目的，都应结合实战的实际需求进行合理的统筹安排。其练习内容可以是针对某一特定任务而专门进行的练习；可以是带有一定条件限制而进行的练习；也可以是综合性的。根据需要沙包可以是固定的也可以是活动的。踢击沙包的练习中要调整好击打距离，使练习的动作频率、节奏和强度凸显出比赛实战的特点。

(八)条件实战

条件实战是指在有一定条件限制的情况下进行的有针对性的实战对抗练习。其表现形式有：一攻一防、进攻—防守反击、进攻—迎击、进攻—抢攻、进攻—反击—再进攻—反反击等练习。

条件实战主要是为了提高学生某一特定的技战术的运用能力而采用的一种练习方法，具有很强的针对性，是实战初期经常采用的练习方法。条件实战因可以使学生在较低或没有心理压力的状态下进行实战练习，使学生更能集中精力来专一提高单个或组合技战术，尽快形成特定的链条式攻防条件反射。

条件实战的配对要根据训练的任务和要求，合理地进行配对组合，对配对双方的技战术能力与水平要做到心中有数，并制定严格的要求和规定，练习时应严格按照规定和要求进行，要告诉学生在练习中要相互理解，相互帮助，相互切磋，共同提高技战术水平。

(九)实战

实战是两人按照跆拳道的竞赛规则进行实战对抗的练习，是有效提高技战术水平和检验技战术运用能力的重要方法，同时也是总结、积累比赛实战经验和反馈训练方法与手段实效性的有效措施。

实战练习应以竞赛规则为准绳，也可以根据具体的情况增加新的要求。如由教师或学生担任裁判员，依照竞赛规则和裁判法按程序进行真实的裁决，使实战的激烈程度更接近真实的比赛，更能保障技战术运用的有效性。它要求学生对待实战就像对待比赛一样,要全力以赴,在力争打好每一场实战的同时,要排除对胜负结果计较心态的干扰,敢于大胆使用高、新、难的技术动作和尝试运用新的战术,在成功与失败的反复过程中不断地总结经验教训。如果遇到的对手比自己强,可有意识地提高自己的优势技术;如果对手弱,可锻炼自己的弱势技术,使自己的弱势技术得到加强与改善。

需要特别提出的是,由于实战是身体的直接对抗,对每个人都会产生一定的心理压力,也难免不发生受伤事故,尤其对低年级和技战术能力稍差的学生心理压力更大,因此实战练习的安排一定要适时、适度,绝不能过早、过频;配对组合必须合理,避免因技战术实力悬殊而造成学生心理障碍和伤害事故的发生。

第四节 跆拳道技能教学原则

教学原则是教学规律的总结和概括,是从事教学活动必须遵循的准则。跆拳道技能教学既要遵循一般的教学原则,又要遵循跆拳道运动教学所特有的教学原则即专项教学原则。

一、一般教学原则

(一)直观性原则

直观性原则是指利用学生的感官和已有的经验,通过视觉、听觉和肌肉本体感觉,获得对跆拳道运动技术与战术的生动表象和感觉,并使之与积极的思维相结合,从而掌握跆拳道运动的技术、战术和技能,发展思维能力。由于感觉是认识的基础。所以在跆拳道技能教学中正确运用直观性原则,对于提高教学效果有重要的意义。

第三章　跆拳道技能教学基本理论

跆拳道技能教学中经常使用的直观教学方式有动作示范、沙盘演示、录像、电影、技战术图片等。在跆拳道技能教学中贯彻直观性原则,需要做到以下几点。

(1)首先要有明确的目的和要求。教师要根据跆拳道教材的特点、教学的任务和学生的情况,有目的地使用直观教学方法。例如,对低年级学生进行技术教学时,宜多使用动作示范、技术图片等。可以把学生的动作录像重放,与正确技术进行比较,以此纠正学生的错误动作。对高年级学生进行战术教学时,宜用沙盘演示,或用形象生动的语言进行讲解。

(2)充分利用学生的视觉、听觉和肌肉本体感觉,通过示范、电影、录像、图片等,使学生产生明晰的技术战术表象,激发学生的学习积极性。

(3)直观教学有助于正确表象在学生头脑中的快速形成,如果想利用这种表象得到良好的教学效果,就必须紧密结合思维和实践。因此,教师要善于运用直观性教学来积极启发学生的思维,遵循直观性原则还要注意与跆拳道技能的练习活动相结合。

(二)对抗性原则

跆拳道运动的技术对抗性和开放性的特点决定了在跆拳道技能教学中必须把实战对抗能力放在十分重要的地位。在跆拳道运动中,进攻与防守的对抗贯穿始终,攻守对抗和攻守转化构成了跆拳道技能的核心。在教学中贯彻对抗性原则是很重要的,没有攻守对抗就没有激烈的竞争场面,攻守对抗的发展是推动跆拳道运动向快速、激烈的方向发展的主要动力。没有攻守的直接对抗和相互制约,也就没有跆拳道运动。要遵循对抗性原则,有以下几个方面需要注意。

(1)深入研究攻守对抗和转化的规律,这对跆拳道技能教学有着重要的指导意义。攻防本身就是相互制约相互发展的,没有进攻也就无所谓防守,没有防守也就无所谓进攻,两者是一个辩证统一的整体。

(2)在对跆拳道技能的教学进度与计划进行编制时,有关跆拳道进攻的教学内容和跆拳道防守的教学内容之间的关系要进行恰当的处理;在对跆拳道教学方法进行设计时,在学生对单项技术有了基本的掌握后,尽量采取综合化的练习方法,以进攻来对防守进行制约,不断提高防守技术,或以防守技术来对进攻技术进行制约,不断提高进攻技术。

(3)真正实用的技术是在攻守对抗中掌握的技术。有意识地提高攻守对抗强度,是提高跆拳道技能教学质量的重要方法。

(三)渐进性原则

渐进性原则是指跆拳道技能教学的进行要以学科的逻辑系统和学生的认知规律为基本依据,从单一到综合,从低级向高级逐步发展,使学生能够对跆拳道运动的基本知识、基本技战术和基本技能有一个循序渐进的掌握,形成严密的逻辑思维体系。跆拳道知识技能的学习是一个渐进的过程,技术技能的掌握要由浅入深地进行。跆拳道技能教学中贯彻循序渐进原则,需要注意以下两个方面。

(1)安排教学内容要有系统性。要根据教学大纲、教材内容的系统进行教学,科学合理地安排运动负荷,在进行跆拳道的知识技能教学时,一定要由浅入深地进行,以取得更好的教学效果。

(2)要根据跆拳道动作的技能形成的规律安排教学内容和教学方法,注意动作技能形成的生理机制和心理机制。从认知定向阶段、巩固提高阶段到熟练程度阶段,都要按照技能形成的阶段性特点及其规律来组织跆拳道技能教学活动。从不同动作的视觉表象和相应的动觉表象相结合到主要依靠动觉表象控制和调整动作的过程,是动作技能形成的不断深化和完善的过程。因此,要注意跆拳道技能教学的环节和层次,注意学生的认知特点,并通过示范、讲解和练习,使学生体会和掌握动作要领,形成正确的动作技能。还要注意促进动作技能的迁移,防止动作技能的干扰,使动作技能得到进一步巩固与提高。

(四)自觉性原则

在跆拳道技能的教学过程中,提高教学质量的根本条件既不是单纯地发挥教师的主导作用,也不是单纯地调动学生学习的自觉积极性,而是将二者充分结合。自觉积极性原则的贯彻需要做到以下几点。

(1)教师充分发挥主导作用。教师充分发挥主导作用的基础条件是深入了解和熟悉学生。这就要求教师必须对学生的特点与概况、需要与特长有一定的了解和熟悉。在跆拳道技能的教学过程中,师生关系中的主导者是教师,教师要积极主动地熟悉和关心学生,只有这样才能充分调动学生学习跆拳道技能的积极性。

教师只有发挥自身的主导作用,才能有效提高学生的积极参与性。在跆拳道技能教学过程中,教师的主导作用主要表现在以下两方面。

第一,教师运用指导法、讲解法、组织教学法等引导学生的注意力集中到跆拳道技能教学内容上。

第二,教师积极主动地为学生提供一个良好的外部条件,使外因顺利地向内因转化,从而将学生的自觉积极性充分调动起来。

(2)培养学生自学、自练、自评的能力以及学习的内在动力。学生自学、自练、自评的能力是其参与跆拳道学习与训练、养成跆拳道终身参与意识的重要基础。教师应为学生自学、自练、自评能力的培养与发展创设一个良好的外部环境,让学生能够主动投入到学习和锻炼中。

学生积极参与跆拳道学习与锻炼的内在驱动力就是跆拳道学习的内在动力。教师应采取有效措施来促进教学的艺术性和启发性不断提高,从而促进学生学习动机和兴趣的培养。学生积极提高自身的学习动机有利于发挥自身的主体作用。

(3)建立和谐的师生关系。跆拳道技能的教学过程中,教师在传授知识的同时还要对学生严格要求,并对学生做到热情的关心与充分的信任,这样才能促进师生关系的和谐。和谐的师生关系有利于提高学生参与跆拳道学习的自觉性。

(五)因材施教原则

跆拳道技能的教学过程中,教师"教"的对象是全体学生,教师对全体学生提出统一的教学要求。但是教师也要注意每个学生的身体素质与能力水平是有差异的,因此要重视针对个别学生的"教",也就是要贯彻因材施教的原则,具体要从以下几个方面加以注意。

(1)坚持从客观实际出发。教师因材施教的前提条件是对学生的身体素质与个体差异进行全面了解。教师全面了解学生的主要途径是调查研究,调查的主要内容是学生对跆拳道运动的兴趣与爱好、身体素质等基本情况。只有了解学生的这些情况,认识到学生之间的差异,才能更好地贯彻因材施教原则。

学校的客观条件是跆拳道技能教学中贯彻因材施教原则需要考虑的因素。其中,对跆拳道技能教学产生影响的因素有地区、场地、器材设备条件等。在制定跆拳道技能教学的目标时,教师需要综合考虑教材、学生特点、组织教法以及上述各方面的客观条件,从而更好地贯彻因材施教原则。

(2)从整体上把握。在跆拳道技能教学中,教师努力的目标是使全体学生的跆拳道运动技能得到提高与发展。制订跆拳道技能教学计划、教学目标和要求应符合大多数学生的实际能力。同时,教师还要兼顾身体素质较好、跆拳道运动技能较高和素质较差的两类学生。努力为第一类学生创造更好的条件,鼓励他们积极参加课余跆拳道技能训练,努力提高专项成绩。与此同时,要热情、耐心地帮助素质差的学生,使他们在原有的基础上逐步提高跆拳道运动技战术水平,完成跆拳道技能教学的要求。

第三章 跆拳道技能教学基本理论

(六)巩固提高原则

在跆拳道技能教学中加强师生交流,可以使学生经常复习所学的跆拳道运动的相关知识、技术和技能,并且不断地提高健康水平、跆拳道运动技术能力和思想品质。而且通过交流,也可以及时反馈学生的学习效果,让教师能有效地调节、控制教学过程,提高跆拳道技能教学效果。根据遗忘规律和运动条件反射建立与消退的理论可知,学生学到的知识与技能在一段时间内如不经常复习就会遗忘或消退。另外根据"用进废退"原理,学生对所学习的跆拳道运动技能进行反复练习时,有助于发展运动能力、身体素质和生理机能,起到强身健体的作用。因此,要注意巩固提高所学到的跆拳道运动知识和运动技能。遵循巩固提高原则需要做到以下几点。

(1)利用讲解、示范、练习、提问、评价等方式,保证师生间及时传递信息。根据信息有效性的原则,信息传递得越及时,损耗越小;信息的准确度越高,所产生的教学效果越好。也可以通过提问、考查、竞赛等方式,巩固提高跆拳道运动知识、技术和技能。

(2)增加运动密度和动作重复的次数,反复强化,不断巩固运动条件反射,提高技术水平、身体素质和体育能力。

(3)教师要给学生布置适量的课外跆拳道运动作业或家庭跆拳道运动作业,将课内课外结合起来,达到巩固提高的目的。

(4)不断提出新的学习目标,培养学生进行跆拳道运动的兴趣和进取动机。

(七)身体全面发展原则

在跆拳道技能的教学过程中,促进学生全面协调发展的基础是选择和安排全面多样的教材内容,指导学生进行全面的身体锻炼。只有这样,学生身体的各个部位才可以得到全方位的发展。身体全面发展原则的贯彻要做到以下几点。

(1)对跆拳道技能教学大纲提出的教学目标和教学要求加以

综合贯彻。在跆拳道技能教学过程中,跆拳道教学大纲所提出的要求与目标学生要自觉遵循。为了更好地制订跆拳道技能的教学计划,保证学生的身体素质能够得到全面发展,教师要注意合理搭配跆拳道运动教材。

(2)在跆拳道技能的课堂教学过程中应始终贯彻身体全面发展的原则。一节跆拳道技能课的理想教学如下。

首先,在跆拳道技能课的准备部分,要加强学生全身各部位肌肉、关节、韧带的活动,让学生充分伸展各个肢体,为完成跆拳道运动课的目标奠定基础。

其次,在跆拳道技能课的基本部分,要加强学生上肢与下肢的练习,全面并协调地发展学生的身体。

最后,在跆拳道技能课的结束部分,指导学生通过一系列活动来放松,并给学生布置课外跆拳道作业。

(八)多样综合性原则

跆拳道运动具有比赛对抗性、技能综合性和战术多变性等,这就决定了跆拳道技能教学要遵循多样性与综合性原则。因此,在跆拳道技能教学和训练中,都应贯彻多样性和综合性的原则,同时,还应注意以下几点。

(1)要保证教学方法和组织形式的多样化,这样既可增添跆拳道技能教学的活力,又可以提高学生学习的兴趣,同时还能让学生更多地掌握锻炼方法,提高学生身体素质。

(2)单个技术动作、组合技术和综合技术练习的结合运用。跆拳道技能教学中切忌单打一,单个技术的练习主要是动作的规范化,而组合技术和综合技术练习则是提高运用能力的基础。跆拳道运动的衔接技术及其组合,体现了跆拳道运动综合性的特点。因此,在跆拳道技能教学中,要在掌握单个技术动作的基础上突出综合技能的培养。

(3)在跆拳道技能教学中,技术、战术和意识培养要相结合,身体锻炼和作风培养要相结合。跆拳道运动是一个激烈对抗和

第三章 跆拳道技能教学基本理论

竞争的项目,较量的不仅是体力还有智力,这就要求学生要全面地提高竞技水平和生理、心理等的适应能力,奠定全面发展的基础。

二、专项教学原则

依据跆拳道运动技能的开放性和对抗性理论,深入研究跆拳道运动的特点和跆拳道教学的实践经验,从认知策略的角度可以提出以下特有的教学原则。

(一)技术个体化和区别对待的原则

规格和规范是指动作的基本结构符合人体运动学特征,达到节省和实效的目的。所以,跆拳道技能教学普遍追求的目标是技术动作的规范性。但是,由于学习者在身体形态、身体素质、行为习惯、智力和跆拳道运动经历等方面存在区别,使得"技术的规范化"的个体表现也存在较大的差别。教学的目的是使初学者通过练习,形成符合自身条件的动作完成方式。因此,跆拳道技能教学要在规范化的基础上遵循技术的个体化原则,允许学生之间存在技术动作上的细微差别。在跆拳道技能教学中也必须根据对象的不同来选择不同的教学方法,照顾好不同能力的对象的学习速度,贯彻区别对待原则。

(二)学习技术动作与实战对抗运用相结合的原则

由于跆拳道运动技术有对抗性和开放性的特点,这就决定了跆拳道技能教学过程必须把实战对抗能力放在重要地位。从认知策略上来说,技术动作的学习与实战运用相结合发展,符合开放性运动技能教学的规律。学生在学习跆拳道运动技能时首先建立起对抗和技术实效的概念,而不是把技术仅视为固定程序的身体操作。从某种意义上来说,在适应中学和从实战中学是跆拳道运动技能形成与发展的普遍规律,因此,跆拳道技能教学必须把技术动作的学习与实战运用能力的培养与发展结合起来。

(三)少而精与实效性原则

在跆拳道技能教学中,贯彻少而精与实效性原则就应该抓住跆拳道技能教学中的主要矛盾。组织教法尽量简单易行,不断提高教学的实效性。在教学中应做到以下几点。

首先,抓好跆拳道技能基本功和主要技术的教学,突出教学重点,在使学生掌握好跆拳道运动基本技术的基础上提高运用技术的能力。

其次,以练为主,精讲多练。教师的讲解要简明扼要,尽量让学生多进行实践练习。

最后,设置教学目标,讲求教学效果。教学中要有具体的教学目标,同时重视对教学效果的检查和评估,及时改进教学方法,提高教学质量。

第五节 跆拳道技能教学的组织与实施

一、跆拳道教学的组织形式

跆拳道教学的组织形式是根据教学的具体任务、内容和对象的特点决定的。一般包括理论和实践两大部分。理论教学一般采用理论课、自学辅导、电化教学(电影、幻灯、录像等)、课堂讨论、课外作业等形式;实践教学中一般采用技术课、教法作业、教学实习、教学比赛、课外作业等形式。

(一)教学课的三个环节

1.课前的准备工作

(1)上好一节课首先要熟悉教材,明确所授教材在整个跆拳

第三章　跆拳道技能教学基本理论

道教学中的地位和要求。要明确教材的主次关系、重点和难点、组织结构、教法步骤及课的任务和要求等。

（2）了解情况。充分了解学生情况是备好课的前提，只有充分掌握学生情况，才能提高教学质量，圆满地完成授课的任务。在所教授的班级中，一般先了解学生的人数、年龄、性别、项目、健康状况和训练程度。另外还要了解学生思想情况和纪律状况，以及对过去所学教材的掌握程度，以便确定课的任务、内容和组织方法，正确贯彻一般要求与个别对待相结合的原则。

（3）场地器材的准备和检查。

（4）书写教案。

2.课的组织实施工作

时间分配及练习方法的选择。跆拳道实践教学课一般由开始、准备、基本、结束四个部分组成。

开始部分：约占全部时间的5%左右。它的主要任务是使学生明确上课的任务和要求。内容主要有集合报告、检查人数、检查服装、处理见习生、讲述课的内容及要求等。

准备部分：约占全部时间的15%～20%。它的主要任务是使身体各器官系统迅速进入工作状态，为基本部分的学习做好充分准备。一般包括如下内容：集中注意力练习。方法多采用有助于集中注意力的小游戏等练习。但此项内容应根据对象的具体情况而选择适当的练习方法。准备部分按活动性质和任务可分为一般准备活动和专门准备活动。一般准备活动主要是采用一些促进身体各关节、肌肉群兴奋的练习方法，以提高学习效率。专门准备活动主要是采用与基本部分内容相关的动作，作为练习的手段，如做一些徒手或阻力的模仿技术练习等。准备活动的内容和组织方法是多种多样的，但在课堂上必须根据上课的任务、特点和学生特点正确组织和安排。

基本部分：一堂课的任务主要在基本部分，它的主要任务是使学生掌握和提高跆拳道的基本知识、技战术和技能。发展身体素质,改善身体器官的机能,增强体质,提高学生的身体训练水平,培养优良的品质。基本部分的主要内容包括技战术练习和身体素质练习,以及有关的理论知识和技能。安排练习内容时,技术练习安排在前,力量练习在后;动力练习在前,静力练习在后;学习技术练习在前,对抗练习在后。不同作用的练习穿插进行,发展身体素质的练习安排在课的最后,运动负荷的安排应逐渐增大。

结束部分:约占全部时间的5%左右。它的主要任务是有组织地结束一堂课,使人体参与用力的肌肉拉长和放松,并转入相对安静的状态和进行本课的总结。结束部分内容一般采用放松慢跑、放松按摩及做些放松性游戏,同时做课的总结和布置课外作业。最后整理场地和器材。在实际教学工作中不能忽视这部分的内容,更不能因为其他原因挤掉结束部分,以至影响上课的效果。

(二)能力的培养

能力是指运用掌握的知识和技术解决实际问题的能力。跆拳道的教学课,主要是培养学生的开拓精神,使其创造性地运用所掌握的知识和技术解决遇到的实际问题。具体表现在培养学生教学训练能力、组织竞赛能力、裁判工作能力、技战术运用能力等。培养能力的方法很多,如让学生做准备活动和部分技术动作的示范、讲解等。

(三)课后总结工作

课后总结是总结教学经验,整理反馈信息,调控教学的有效方法。一堂课的教学质量应从完成课的任务的情况来衡量。而任务完成的好坏和教师课前的准备及课上的一系列工作是分不开的。因此,评价一堂课的教学质量时,一般包括如下两个方面。

评价教师课前的准备工作。包括是否掌握了学生的情况,任务是否明确,上课的内容是否符合本课任务,课的时间分配、课的组织与教学方法的运用及教案的质量如何,场地器材的准备情况如何等。

第三章　跆拳道技能教学基本理论

评价教师在课上的组织教法和教学工作的质量，教学原则的贯彻和教学方法的运用，课的密度和运动负荷的把握，时间的分配是否恰当，练习是否达到要求，学生的自觉性、积极性的调动与发挥等。

二、跆拳道教学的组织练习方法

教师组织练习的方法、学生练习的次数和时间，要根据学生的基础及上课的总时间、教材的难易来决定。在跆拳道教学中，一般常采用的组织练习方法有下列几种。

（一）个人练习法

学生单独一人练习，根据自身条件来理解动作，使之能静心体会动作，不受他人的干扰。

（二）配对练习法

由于跆拳道比赛是两人的直接对抗，在掌握了基本动作后，应多进行双人的配对攻防练习。尤其是戴上护具后进行配对双人练习时，要明确练习目的，强调安全性，防止受伤。

（三）分组练习法

在固定某一练习或进行循环练习时可多采用分组练习法，如5人一组轮流踢沙袋或踢脚靶等。一般是将体重相近的几个学生分为一组，或是将水平相近的几个学生分为一组，在练习中要互相配合，互相鼓励。在休息间歇时，同组成员可互相指出优点和缺点，以共同进步。

（四）集体练习法

一般在学习新动作或教师领做动作时采用，主要强调动作的规范性，要求令行禁止。教师应及时观察学生练习的情况，并及时给予集体纠正或个别纠正。

(五)模拟比赛实战练习法

模拟比赛进行教学实战练习并进行针对性的讲解,使学生提高实际运用能力。

三、教法步骤

在跆拳道的教学过程中,一般可采用以下几个步骤教学。

(1)先由教师完整地示范动作,使学生有一个全面的直观印象,然后可分解示范并讲解,将动作分为几个部分,包括步法、路线过程、先后顺序、部位高低、易犯错误与纠正方法等。

(2)学生跟随教师进行动作模仿。教师应抓重点讲要领,先让学生掌握动作的基本结构,然后再强调前后细节,直到学会完整动作为止。此时教师应及时发现带有普遍性的错误并给予纠正,也可单独辅导。

(3)先慢后快,先掌握基本动作,然后再在速度、力量方面进一步强化。从一开始学动作就要求动作规范,教师应讲解动作的难点和使用时机,使学生逐步掌握动作的正确练习方法。

(4)在学生基本掌握了动作要领后,要求按规定动作,两人配合演练,并要互相照顾,点到为止。注意避免伤害。在进一步熟练的情况下,可进行一定程度的实战练习,使技术在实战中得到改进和提高。

(5)在学生练习和纠正错误动作后,再经过反复练习,并增加接近实战的各种要求,使学生逐步提高练习的速度和灵活运用技术的能力,直至基本掌握技术为止。

(6)要求学生根据竞赛规则作实战练习,充分发挥自身优势,利用所学技战术,争取战胜同伴,同时尽量避免受伤情况的发生。通过实战检验学生掌握实用技术的熟练程度,进一步提高学生的实战能力。

第四章 跆拳道技能教学研究

在跆拳道运动中,技能教学是跆拳道运动的重要组成部分,而技能教学又分为理论与实践两个部分,其中理论部分起到重要的指导作用,理应引起跆拳道教学者的高度重视,而理论知识教学也是目前我国大多数学校所欠缺的。因此,本章就重点研究跆拳道技能理论教学方面的知识,以为学生学习跆拳道提供必要的理论指导。

第一节 跆拳道技能教学的内容

一、教学内容的概念

所谓跆拳道教学内容,是指将各种身体练习、运动技能学习和教学比赛等进行加工后的课堂教学形态的总称。现代跆拳道教学内容包括跆拳道基本知识和身体练习两部分内容。

二、跆拳道教学内容层次划分

体育教学内容有宏观层次和微观层次划分,跆拳道作为学校体育教学的一个分支,对其教学内容层次的划分主要集中在微观层面。具体来说,从微观层面来看,跆拳道教学内容按照具体化的程度,可以分为四个层次,具体如下。

(一)第一层次

跆拳道教学内容微观层面的第一层次即为跆拳道课程标准所示的学习内容,以跆拳道与健康课程标准规定为例,运动参与、运动技能、身体健康、心理健康、社会适应这五个学习领域即是从这一层次而进行的分析。这种分析实际上是活动领域的一种表述,并非常规意义上的跆拳道教学内容。

(二)第二层次

跆拳道教学内容的第二层次是第一层次形式上的具体化,它是指跆拳道课程标准所示的水平目标。跆拳道教学内容的第二层次主要侧重于能力目标分析。具体如:获得运动的基础知识,说出所做简单运动动作的术语(左直拳、转体、横踢、旋踢等)。

(三)第三层次

跆拳道教学内容的第三层次是指跆拳道教学的硬件与软件设施。教学中所要用到的硬件设施,即经常听到的"教学教具",如保护垫、护具、木板等教学用具器材,以及与之相配套的场地器材等。

(四)第四层次

跆拳道教学内容的第四个层次是具体的练习方法和手段。在跆拳道教学中,练习教学内容、游戏教学内容、认知教学内容等都属于这一层次。

三、跆拳道教学的具体内容

跆拳道教学内容的选择主要以教学对象的层次和教学目标为依据,具体包括以下三个方面。

(一)跆拳道理论知识

跆拳道理论知识的教学对学生学习跆拳道技能和进行跆拳道活动实践有重要的指导作用。

以我国高校跆拳道教学为例,课堂教学中,跆拳道理论知识教学内容主要包括跆拳道技战术分析,跆拳道教学训练理论、跆拳道竞赛的组织,跆拳道竞赛的规则、跆拳道竞赛的裁判法、跆拳道礼仪等,这些都是跆拳道运动教学最基本的内容。

(二)跆拳道技术

技术动作是跆拳道运动技能中最基础的内容。技术规格、动作方法要领和技术的运用等都是跆拳道技术动作的主要内容。在进行跆拳道技术动作的教学时,教师应注意动作技术的详细讲解和动作的科学示范,为学生树立正确的技术动作定型奠定基础。

(三)跆拳道战术

跆拳道战术教学的内容主要是通过特定的战术布阵和两人对抗练习来进行。

跆拳道战术教学过程中,教师应通过合理有效的教学方法使学生对对手的观察、攻击点、战术运用时机及其变化等内容有正确的了解和认识,同时,还要注意学生的良好战术心理的培养,使学生能在跆拳道实战中科学运用直攻战术、强攻战术、反击战术、迂回战术、KO战术等。

第二节 跆拳道技能教学课的任务与结构

一、跆拳道技能教学课的任务

跆拳道教学课的任务是由教学进度所决定的。但任务的提出一定要符合跆拳道技能形成的特点和体育教学的普遍规律,根据学生的基本情况,制定切实可行的任务。任务过高,学生可能就会失去信心甚至形成空话,任务过低,则不能激发学生学习的积极性,不能达到应有的教学效果。

二、跆拳道技能教学课的结构

跆拳道教学课的结构与其他体育课的结构基本相同,包括教学内容、组织教法、时间与练习量的安排等。根据人体技能活动变化的规律,一堂跆拳道教学课一般分为准备部分、基本部分和结束三部分,各部分有各自的主要任务、内容、组织教法与形式。

(一)准备部分

准备部分的开始一般是课堂常规,包括整队、点名、检查学生出勤率,宣布本次课的教学任务和要求等。

准备活动的内容包括:一般准备活动和专门准备活动。一般准备活动大多是进行一些慢跑、徒手操(跆拳道操)以及游戏性练习,目的是使全身肌肉、关节、韧带得到充分的活动,为专门准备活动打下一定的基础。专门准备活动多以与基本部分相关的辅助练习或安排一些跆拳道练习中起基础作用的动作,如踢腿步法等进行练习,目的是使身体各器官机能以及各肌群、关节、韧带做好充分的准备。

组织方法,可以采用集体练习、分排、分组或个人分散进行。同时队型可根据情况而变化。内容由静到动,由小到大,由简单到复杂,由局部到全身,使身体逐步适应。准备活动的时间一般占全课时间的 25% 左右。

(二)基本部分

整个教学课的重点是基本部分,同时也是能否完成教学任务的关键。时间的安排一般占全课的65%左右。

在基本部分的教学过程中,内容的安排顺序应放在首位。应把重点的教学和复习内容安排在身体充分活动开以后,身体各机能处于最佳状态时进行。因此时学生的体力充沛,精力相对比较集中,能够确保达到最佳的教学效果。为了保证教学课有一定的运动量和运动负荷,在练习形式与练习次数上也应有所要求,集体练习时要增加练习的次数;而分排和配对练习,既能保证一定的练习量和负荷又便于学生相互观摩学习。在组织教法上,要以能充分发挥教师的主导地位为主,教师要注重调动学生的积极性,注重对学生组织、分析问题和解决问题能力的培养,做到教学相长、取长补短。

(三)结束部分

结束部分是有组织地结束教学活动,包括整理场地器材,进行合理的放松,对本次课进行讲评和布置课外作业等。内容应根据课的性质选择一些降低运动负荷的练习,如徒手放松、两人互相按摩牵拉、比较缓和的游戏或听听比较舒缓的音乐等。

第三节　跆拳道品势教学

跆拳道品势(又称之为"型")是以技击动作的攻防进退为素材,通过特定运动的规律变化而编排的整套练习形式。它类似于中国武术运动中的套路练习形式,即将一定数量的动作串联编排起来而形成固定模式的套路。

跆拳道品势内容丰富而形式多样,基本品势有基本一式、基本二式、太极的一至八章和八卦的一至八式;高段品势(黑带品势)有高丽、金刚、太白、平原、十进、地跆、天拳、汉水、一如,通过品势练习,促进学生身体各部位的全面发展,达到强身健体、磨炼意志的目的。

一、跆拳道品势教学的基本特点

（一）注重基本功的练习

跆拳道品势的基本内容丰富多彩、形式多样，基本功和基本动作一般包含有手型、手法、步型、步法、腿法、拳法、肘法、脚法、跳跃等内容，正是由它们形成了多姿多彩、多种形式的品势套路。通过品势练习，能有效提高学生的力量、速度、灵敏、柔韧、平衡等身体素质，同时也是培养学生坚强的自信心、顽强的意志品质和健康的心理素质的有效途径与手段。

跆拳道的品势是学习跆拳道的方法之一，在安排教学内容时，要根据学生的具体情况以及教学任务，尽可能地做到系统化、多元化；遵循运动技能形成的规律，循序渐进，由简到繁，由易到难，要根据品势的内容和技术特点，在教学中不断强化基本功、基本动作的练习，使学生更好地掌握正确的基本功和基本动作，扎实的基本功能增强各关节及韧带的柔韧性和灵活性；提高肌肉的控制能力和保持必要的弹性，这一点对提高动作质量、预防受伤及延长运动寿命有着十分重要的作用；同时扎实的基本功能够使学生在整套品势练习和比赛实战中熟练掌握、运用各种技术动作。因此，将基本功、基本动作的练习贯穿于品势教学的全过程，是品势教学在内容选择与安排上的特点之一。

（二）直观教学为主，首重动作规格

跆拳道品势的内容繁多，动作复杂，但路线、方向相对变化较简单，多以直线转折为主，所有演示路线类似中国的九宫八卦图。它外形要求全身协调配合，内重精神与意识、呼吸与劲力相统一，并伴有发声来振奋精神，以气催力。因此，在教学中必须依据人类认识事物的规律来组织、实施教学。品势教学首重动作规范，教师准确、连贯地示范，会给学生留下非常深刻的第一印象，对建立正确的动力定型极其重要。品势不同,动作的规格要求也不同,所以教学重点也不一样。以单个动作为例,首先要强调该动作姿势的准确;其次要强调该动作方法的正确,三是将力度、速度及演示路线的准确为重点。

(三)突出特点,抓住重点

攻防技击是跆拳道运动的显著特点,品势则是跆拳道运动在漫长的历史发展演变过程中对技击动作精华的浓缩。因此,在品势教学中应紧紧抓住技击这个特点,来对动作进行分析,逐个剖析动作的攻防含意和劲力的使用方法,强调动作的速度、力度及节奏,使学生明确每个动作的作用及用法,加深对动作攻防技击内涵的理解。每一个品势,每一个动作,都有其区别于其他品势、动作的技术特点,在演练中会表现出不同的风格与技巧,抓住其特点,将之作为重点来进行教学,就能使学生清晰地认识动作的精髓而牢固地掌握它。

(四)内外合一,形神兼修

在品势教学中,提高演练技巧是其重要特点之一。品势的观赏价值较高,给人以刚劲有力的阳刚之美,并通过品势演练展示出跆拳道深厚的文化内涵和礼仪礼节。内外合一,形神兼备,将其身心和谐之美通过演练来体现,这都需要有扎实的基本技术和高超的演练技巧来支撑,因此,品势演练并不是单个动作的简单重复,而是外在动作的精细规范、劲力顺达、力点准确和内在的精神、意识、气质的高度协调一致,共同来演绎出跆拳道所包含的全部文化内涵和价值。

二、教学步骤

跆拳道品势约有 20 多套组成,每个品势的动作、路线不同,所表达的意义也不同,每个动作都包含着多个要素,如结构架势、方向路线、劲力方法、节奏起伏及内在的精神、意识、气质等。教学中应根据运动技能形成的规律和跆拳道品势教学的特点,通过一定的步骤使学生逐步掌握动作。跆拳道品势教学一般可分为以下几个步骤。

(1)第一步的主要任务是使学生掌握动作的运动方向路线。通过教师的正确示范和简介要领,使学生弄清楚每个动作的方向路线。对于动作的姿势可作一般的要求,反之容易引起学生的疲劳,分散学生对方向路线的注意力,从而降低学生学习的效率,影响教学任务的完成。

(2)第二步的主要任务是使学生形成正确的动作姿势和工整的架势。在学生掌握了动作的方向路线后,教师示范正确的动作,并组织学生反复练习,在练习中不断纠正错误动作,严格要求,强调动作的节奏、姿势和细节,消除动作的僵硬、身体不协调等不良反应,使学生初步形成正确的动作定型。

(3)第三步的主要任务是使学生能够完整准确地演练整套品势。教师要根据每个品势的不同动作进行完整的示范,使学生了解并学会动作之间衔接的技巧与方法,重点强调动作协调、连贯完整、劲力顺达。

(4)第四步的主要任务是使学生理解和掌握品势动作的特点、内涵及不同品势的不同演练风格。通过教师对每个品势的性质、意义深入仔细的分析,进一步完善跆拳道品势的精神、意识与身体动作的结合,体验跆拳道品势刚劲有力的演练风格。使学生的演练真正做到"神形兼备""内外合一""以气催力",充分展示跆拳道品势技术的风格特点。

(5)第五步的主要任务是通过训练来继续提高与巩固动作质量。要求教师认真组织学生训练,强化动作规格,提高演练水平,使学生在练习中不断纠正错误的同时,进一步巩固正确的动力定型。

第四节 跆拳道技能教学文件的设计

一、跆拳道教学大纲的制定

(一)教学大纲的概念

教学大纲是规定课程教学的基本任务,体现课程教学工作的主导思想,对教学的知识范围、教学时数进行限定,并确定课程的考核方法和标准的指导性文件。

跆拳道教学大纲规定了教学的基本任务、教学时数,并确定了课程的考核方法和基本标准,科学、合理的教学大纲能更好地促进跆拳道教学工作的顺利开展。

(二)教学大纲的制定要求

(1)跆拳道教学大纲的制定应从跆拳道教学的实际出发,落实教学计划所规定的培养目标和要求,提出具体的跆拳道课程教学目的和任务。

(2)根据跆拳道运动的特点、课程的任务和时数来确定教材内容,突出基本理论知识、技术与基本技能的教学训练与培养。

(3)注意合理分配教学课程的时数,保证理论与实践的适当比例,以确保跆拳道教学任务的完成。

(4)注重教学内容的系统性、科学性和先进性。

(5)以跆拳道基本理论、基本技术与技能为重点。考核方法要能全面、客观地反映学生真实的理论、技术与技能水平,评分方法力求科学和合理,考核应公平公正,有助于全面、客观地评价学生并能促进学生的全面发展。

(三)教学大纲的具体内容

一般来讲,跆拳道教学大纲主要应包括以下内容。

(1)说明:对本大纲的使用范围和对象,指导思想、原则,使用时应注意的问题进行相关说明。

(2)跆拳道教学目的和要求:阐述跆拳道教学方面的具体任务。一般包括跆拳道基本理论知识、技战术和基本技能、发展学生身体素质方面的要求和思想品德教育、专业思想教育,培养学生的集体主义精神和优良的品质和作风等,培养学生将来从事跆拳道教学工作的能力。

(3)跆拳道教学内容及时数分配:明确跆拳道教学课程中理论、技术、战术及规则裁判法和相关的基本能力培养等不同教学内容的时数划分比例、理论教学与实践教学的比例、理论教学的题目和课时、考核评价、教学条件、参考书目等。

(4)正文:包括本门课程的教学目的、任务;为完成教学任务而采取的主要措施、考核的内容和方法;教学内容的细目提要与基本要求、时数分配与各部分的比重;组织教法的形式、方法、要求;教材编选的原则等。

(5)考评:依据跆拳道教学的目的确定课程考核方法与标准。考核的内容主要包括理论知识、技战术和技能。成绩的评定主要包括思想品德、学习态度、基本理论知识、技术与技能等的评定。

(6)跆拳道教材及主要参考书:列出本门课程使用的教材和主要教学参考书。有选择性地参考一些比较权威的跆拳道专著,以丰富和补充跆拳道教学的内容。

(7)跆拳道教学设施的准备和使用:针对跆拳道教学活动中使用到的跆拳道场地、设备等进行规范和提出指导,以便于更加合理地使用跆拳道场地和设备,并做好跆拳道教学设施的维护和管理工作。

第四章 跆拳道技能教学研究

二、跆拳道教学进度的制定

（一）教学进度的概念

教学进度是以教学大纲的任务、内容、时数分配为主要依据，将教材内容具体地落实到每次课的教学文件，是教学过程的重要指导性文件。

跆拳道教学进度的合理制定应把握好跆拳道教学内容的逻辑性，教学内容应符合跆拳道知识技能认知学习的基本规律，能充分反映教学方法和教学策略。

（二）教学进度的制定要求

（1）重视跆拳道教学逻辑关系，以合理的逻辑关系和迁移原理为指导。在制定教学进度时，一定要注意将跆拳道运动知识单元和技术的合理逻辑关系充分体现出来，注意学习教材时迁移原理的积极作用，防止教学过程中的消极干扰。

（2）遵循跆拳道教学的循序渐进原则。教学进度要根据教学的实际情况和教学需要合理分配每次课的不同教学内容分量以及搭配，在教学过程中，逐渐提高学生的理论知识水平和运动能力。

（3）在全面的基础上突出教学重点。教学进度的制定要以教学大纲的要求和跆拳道运动技能形成的规律为主要依据，将教材内容安排到适当的位置。在全面考虑的基础上，有针对性地突出教学重点，有助于教师更加科学、合理地组织教学。

（4）将理论与实践辨证统一起来。在制定教学进度时，理论课与实践课要合理安排，相互配合，理论指导实践，实践体现理论。

（三）教学进度的格式

跆拳道教学进度的格式有名称式和符号式两种，名称式教学进度。在制定教学进度时,以课的顺序为依据将各类教材的名称填入教学内容,在课程类型内填写采用的组织方式,以及其他相关事项(表4-1)。跆拳道教学符号式教学进度是根据编号顺序将教材内容逐个列入教学内容栏,然后根据出现的先后顺序在相应的课次栏内画"√"。在制定教学进度的过程中,注意排列组合的科学性,充分反映每次课的教材安排和整个教材排列顺序及数量,以保证教学进度的合理性。

表 4-1 跆拳道年度教学进度

一 学年 学期				
开课单位			课程名称	
课程性质			学分	
总学时			理论学时	
实践学时			机动学时	
授课专业			授课年级	
学生人数			多媒体课时比例	
主讲教师			职称	
填表日期: 年 月 日				
校历周次	起讫日期	学时	教学进度安排 (章、节、目)	教学形式	执行情况	备注
1				讲授( ) 实践( ) 讨论( ) 作业( ) 考核( )		
2				讲授( ) 实践( ) 讨论( ) 作业( ) 考核( )		

第四章　跆拳道技能教学研究

续表

校历周次	起讫日期	学时	教学进度安排（章、节、目）	教学形式	执行情况	备注
3				讲授（　） 实践（　） 讨论（　） 作业（　） 考核（　）		
4				讲授（　） 实践（　） 讨论（　） 作业（　） 考核（　）		
18				讲授（　） 实践（　） 讨论（　） 作业（　） 考核（　）		
教研室主任签名：　　年　月　日				教学院长签名：　　年　月　日		

三、跆拳道教案的制定

(一)教案的概念

教案,又称"课时计划",它是教师根据教学进度编制而成的最为基础的教学文件。

教案是教师上课的依据,对教师积累资料、总结经验、提高对教学规律的认识具有非常积极的促进作用。因此,教案的作用是非常重要的,它不仅是教学的依据,更能反映出一个教师的工作态度、专业素质、业务水平等。

(二)教案的制定要求

(1)明确教学任务及教学目标。教学任务及教学目标的确定,应以培养目标和教学大纲、教学进度的具体要求、教材性质与学生的实际情况为主要依据。

（2）确定教学组织模式及教法。组织模式及教法应以本课的主要任务为主要依据,以保证课堂顺利、严谨地进行。

（3）注意合理选择和运用教法步骤、练习方法,合理安排练习次数和运动负荷。

（4）熟悉教学环境与条件,充分考虑学生的人数、学生的基础、接受能力及运动场地、器材、设备等。

（5）注意教学的完整性和系统性,各个课次之间应承上启下,做好衔接,循序渐进。

（6）跆拳道教学课并非是一成不变的,教学对象也存在诸多不确定性,因此,跆拳道教案的制定应做到区别对待,因材施教。

（三）教案的格式

跆拳道教学中教案格式的选择具体可以根据实际情况有针对性地进行。较常用的主要有表格式和条文式两种。具体分析如下。

1.表格式教案

表格式教案的特点是直观明了,方便教师填写,具体可参考表4-2。

表4-2 实践课教案表格式

授课年级	××级	周次	××周	人数:×人
授课时间	××年×月×日	课时安排	××学时	指导教师:
教材内容		教学任务		
部分	时间	教学内容	练习份量		组织与教法
			组数	时间	
开始部分	时间				
准备部分	时间				

第四章 跆拳道技能教学研究

续表

部分	时间	教学内容	练习份量		组织与教法
			组数	时间	
基本部分	时间				
结束部分	时间				

场地布置	保护垫
	小脚靶
	护具
		平均心率
		强度指数
			运动负荷与心率曲线
			大 200
			    180
			中 160
			    140
			小 120
			    100
			    80
			    60
					量： 强度：

	1. 2. 3.				

2. 条文式教案

跆拳道理论课教学的教案通常采用条文式教案格式，一般来说，除填写表格式课时计划规定的项目外，还以讲授提纲与组织教法的方式配合理论课讲稿共同使用。

第五节 跆拳道技能教学成绩考核

一、考核内容

跆拳道教学中，学生学习成绩的考核主要是根据跆拳道教学培养目标、教学大纲所规定的考核范围和形式，不同年级、教学对象、教学阶段的具体要求进行考核。考核的内容包括最基本、最常用的重点技术、战术、理论知识、教学训练、组织竞赛与裁判工作能力等。

二、考核比重

在跆拳道教学成绩考核中,培养目标和教学计划不同,考核的内容、比重也不同,可根据实际情况有所侧重。一般地,高校跆拳道考核的内容及比重分配可参考表4-3。

表4-3 考核内容及比重

分类	比重(%)	内容
理论考核	30	跆拳道概论、礼仪、技战术理论、竞赛组织与编排、竞赛规则、裁判法
实践考核	40	跆拳道技术、跆拳道战术
能力考核	20	教学实习、组织竞赛、裁判实习、技战术运用
平时考核	10	考勤、课堂提问、课外作业

三、考核形式

(一)理论考核

1. 口试

(1)考核形式:可以采用课堂提问或专题答辩的形式进行。
(2)考核目的:了解学生掌握跆拳道运动理论知识的深度和广度、分析和解决问题的能力及语言表达能力。

2. 笔试

(1)考核形式:可以采用开卷和闭卷两种形式。
(2)考核目的:开卷主要考核学生运用知识分析和解决问题

的能力,适用于高年级学生;闭卷主要考核学生对记忆性的跆拳道运动知识的掌握,适用于低年级学生。

3. 题型及比例

跆拳道运动理论考核多采用标准化考试的方法,教学成绩考核的题型和比例设计应注意突出以下两点。

第一,理论考试命题要能较好地反映学生掌握跆拳道运动基本理论知识的程度,选择试题内容要符合教学大纲的要求,题型应多样化,如填空、选择、判断、概念、绘图、简答题、论述题、分析运用等。

第二,理论考试命题要反映出各种不同指标的试题形式,还要掌握好主、客观试题的比例。试题难易度应适中,区分度要良好,确保考试的可信度。

具体题型及比例分配可参考表4-4。

表4-4 跆拳道理论考核题型及比例分配表

比例\题型 内容	填空	鉴别	选择	概念	绘图	计算	论述	合计(%)
跆拳道运动概述	3	3	2	2	0	0	0	10
跆拳道技术	6	5	6	5	0	0	2	24
跆拳道战术	2	4	4	4	4	0	2	20
技、战术教学	2	3	2	3	3	0	1	14
规则与裁判法	5	5	5	4	2	0	1	22
竞赛组织与编排	2	2	1	2	1	2	0	10
合计(%)	20	22	20	20	10	2	6	100

(二)实践考核

1. 技术评定

根据学生完成技战术动作的质量进行评分。考核前按动作结构和配合过程,把所要进行考核的技术、战术分为若干个环节,根据各个环节完成情况予以评分。

评分标准:采用10分制、百分制或等级制,最后转换为学生实际得分数。

2.达标测试

根据学生完成技术动作的速度、准确性,按一定的要求制定评分表进行测试。达标测试适用于单个技术动作、组合技术的考核,可单独采用,也可与技评相结合使用。

评分标准:采用10分制或百分制。

(三)能力考核

教师根据学生的跆拳道技战术运用能力和实际工作表现来评定其基本能力的成绩。评分标准可采用百分制或等级制。考核方法与内容具体如下。

(1)通过两人对抗考核学生在实践中运用跆拳道技战术的能力。

(2)通过教学实习(准备活动或技战术教学实习)考核学生组织教学的能力。

(3)通过组织跆拳道竞赛,考核学生组织跆拳道竞赛、跆拳道竞赛编排和跆拳道裁判能力。

第五章　跆拳道技能训练的科学保障体系研究

同其他体育运动项目训练一样,跆拳道技能训练需要制定相应的保障措施和完善、科学的保障体系。本章就对跆拳道技能训练的科学保障体系进行研究。

第一节　跆拳道技能训练与科学营养保障

针对跆拳道技能训练与科学营养保障,这里主要从跆拳道技能训练期间的饮食以及饮食搭配来展开论述。

一、训练期的饮食

(一)时间和食物的选择

跆拳道运动有很多都属于智力性运动,此时大脑正处于交感神经兴奋的应激状态,消化机能较弱。因此,在训练前,如果吃一些易消化的食品会有利于运动能力的提高,较快消除疲劳。由此可见,不同食物在体内的消化时间,对于一个人的运动能力有着重要的影响。食物中脂肪的消化时间最慢,糖最快。训练前应以高糖类、低脂肪的食物为主,如面包、饭、面食和水果等。因这些食物容易消化,又能提供糖原。如果训练超过 1 小时,应以单、双糖食物,如水果、奶、米饭为主,这些食物易被消化并及时供能。

高纤维的食物也含糖类,如全麦面包,但这些食物消化时间长,容易造成训练时肚子出现不适。

在进行训练前进餐,进餐的时间应根据训练的时间和不同食物的消化时间来决定。但基本原则是训练前所食用的食物能供给运动所需的充足的营养和能量,而又不会在运动过程中造成肠胃不适。高热量或高脂肪的食物,往往需要较长的时间才能被消化。一般而言,正常的一餐食物需3~4小时的消化时间,才不至于使人在运动中感到肠胃不适,而食量较少的一餐需2~3小时的消化时间。少量的点心只需1小时就能被消化。

人在运动时对胃中的食物的感觉还会因运动的不同而会有差异。如果是身体上下震动较大的运动,过量的食物就会令人感到饱胀不适,那么就需要在运动前更早的时间进食,让食物有更长的时间被消化,或者减少对食物的摄取,以减轻这些症状。所以,训练前的饮食和进食时间应因人而异。每个人都需要在练习时进行体验,找出最合适、最有效的食物和进食时间。

(二)食用的方法

1. 训练前

早上训练前,很多人习惯于不吃早餐,这样参加训练时可能会感觉很累、无力。因为经过一个晚上,人体内糖类的供应量不足,所以早上进行训练应适当补充一些能量,可以吃一些苹果、全麦谷片等低升糖指数的食物,喝些牛奶、果汁、豆浆等饮品,既可以补充水分,又可使人有饱足感。如果你还想再多吃一点,则可以加一片高纤维饼干或吐司。补充糖类的最佳时间应是在进行训练前10~30分钟,但在训练前和训练期间要避免吃太多的脂类食物。而如果训练前已吃过轻食(以碳水化合物为主的食物)了,那么训练后的早餐分量不妨少一些。"不过饱"应当被视为饮食的原则。

午间训练前,经过一早上的辛勤工作后,为避免训练时"饿得

第五章　跆拳道技能训练的科学保障体系研究

头晕眼花",在接近中午时,可以先吃些轻食填填肚子,以维持血糖的浓度。如果不是太饿,暂时不吃也无妨,可在训练后再吃午餐,但在训练前后需补充水分。一般来说,训练前吃含碳水化合物的轻食,能使人在训练时精力充沛。结束训练后,不妨吃点含碳水化合物的食物,这是帮助肌肉燃烧脂肪的动力来源,如谷类、豆类等,都可以维持肌肉中的肌糖原。

晚间训练前,可在下午4～5点时或下班前吃些点心,以维持血糖的浓度,储备运动精力。为此,可以先准备一些小包装的轻食,如高纤维饼干、葡萄干、麦片等,但不可以大吃大喝。由于训练后的几小时内,身体正忙着移除肌肉中未用完的肌糖原,此刻可以吃些富含糖类的食物,如谷类、新鲜水果、淀粉类、蔬菜等。晚餐则应该少吃一些,因为在晚上人的新陈代谢率较低,为避免囤积多余的卡路里,应该对食量有所控制。

2. 训练后

训练后应主动积极地补充运动时所消耗的能量和营养以促进恢复,为明天的活动做好准备。因此,在跆拳道训练后的营养补充主要应从以下几方面着手。

(1)补充水分。跆拳道运动会使人体内大量的水分经出汗流失而导致脱水,因为即使只流失体重的1%的水分,体温也会变得更高,使人比较容易疲劳,如损失体重的3%的水分,就会显著地影响运动的表现,所以在跆拳道训练后,绝大部分的运动员都处于不同程度的缺水状态,需要积极地补充水分。

(2)补充糖原。跆拳道训练后,应迅速地补充运动中体内消耗的肝糖原。具体方法有:在激烈训练后的30分钟内,摄取含高碳水化合物的餐点;依照自己的体重,每2小时供给约等于体重1‰重量的碳水化合物,直到恢复正常的饮食;在恢复期进行训练时,对碳水化合物的需求将会增加,所以每千克体重每天需摄取8～10克的碳水化合物,以维持肌肉最佳的肌糖原储存量;肌肉受伤会影响体内肌糖原的储存量,所以可于恢复期最初的24小时内,增加碳水化合物的摄取量;含碳水化合物的饮料、运动营养补充品以及单糖类食物,可以为参与训练提供一个实际及综合的碳水化合物来源;含营养密度高的碳水化合物食物及饮料,因其可以提供其他的营养素,所以这类食品对于训练后的恢复过程是很重要的。

(3)补充电解质。汗液中主要的电解质是钠和氯离子,还有少量的钾和钙。在长时间训练,或者在酷热的天气下连续剧烈运动数小时,大部分只会流失体内非常小部分的电解质,而体内的储存会自动释放到血液中,以维持电解质的恒定。因此,在一般性训练后,不需要特别补充电解质。对于例外情形,可以在训练后,以稀释的盐水或是含高钠的运动饮料来补充水分和电解质。但一些含有酒精或咖啡因的饮料,因会增加人体的排尿,不仅会降低人体内的水分,减少肝糖原的合成,而且还会影响受伤组织的复原,对训练后的恢复有非常大的副作用,所以并不是理想的水分补充饮料。然而,一些训练有素的运动员,或是常在酷热天气下运动的人,其汗液中的电解质含量也会变得较少,所以,即使他们的流汗量和平常人一样多,其流失的电解质要比平常人少。

二、饮食的搭配

合理的饮食搭配,对于人体的生长发育、增强免疫力、健身塑形都有着十分积极的影响。在进行跆拳道训练时,运动员由于体力消耗较大,往往更需要进行合理的饮食以及时补充能量,在维持机体正常需求的基础上保持正常运动训练的供能。因此,训练期间的饮食搭配要保证所含营养素数量充足、种类齐全、比例适当,并与机体的需要保持平衡。只有各种食物搭配合理,才能最大限度地满足身体需要,从而达到促进健康的目的。

(一)饮食搭配的基本要求

合理搭配的饮食应该能提供足够的热能和各种营养素,满足

第五章　跆拳道技能训练的科学保障体系研究

人体正常生理的需要,还可以保持各种营养素之间数量的平衡。因而,饮食搭配要求能够达到热量的平衡和维生素供给充足。

1. 热量平衡

热量是人体进行活动的能源,热能的供给应以消耗为准,热能供给过多或不足都会影响健康,甚至引起疾病。长期热能不足,会导致营养不良症状的发生,表现为基础代谢降低,逐渐消瘦,精神不振,皮肤干燥,对疾病的抵抗力下降等;而热能过剩,则可造成脂肪在体内积累而形成肥胖。所以,饮食搭配中热量必须恰当。热能是否恰当,可用体重的变化做粗略的估计。饮食搭配中蛋白质、脂肪和糖的比例对机体的代谢状况和工作能力也有一定影响。一般情况下,脂肪含量应少,糖和蛋白质相对较多。蛋白质、脂肪和糖的合适比例按重量计为 1∶0.7∶5。

2. 维生素充足

饮食搭配中的维生素十分重要。一方面,可以补充机体在运动时损失的维生素;另一方面,合理增加维生素的供给量,可以改善机体的工作能力,提高运动水平,保证运动质量,加速机体疲劳的消除。但维生素的摄入量亦不应过多。经常应用过多的维生素,对机体有不良影响。长期摄入过多的维生素,机体的维生素代谢提高了,一旦饮食中摄取的维生素突然减少会产生维生素缺乏症。机体摄入维生素时,最好从天然食物中摄取。如应用维生素制剂时,最好用复合维生素。

按照热量和营养素标准选择食物的种类和数量,即可组成平衡的饮食。食物可以简单分为以下几类:粮食类,供给人体淀粉、蛋白质、无机盐、B 族维生素和纤维素;肉、蛋、鱼及大豆类,供给人体优质的蛋白质、脂肪、部分无机盐和维生素;奶或奶制品类,供给人体优质的蛋白质、脂肪、维生素 A、维生素 B_2 和钙等;水果和蔬菜类,供给人体维生素、无机盐及膳食纤维素。

(二)饮食搭配的注意事项

(1)在训练时,由于代谢旺盛,激素分泌增加,排汗量增多,维生素的缺乏会提前出现,这时容易出现运动能力下降、疲劳等不良反应。因此,早餐应含丰富的蛋白质和维生素。

(2)合理地摄入热量,通常比不训练时稍多些。

(3)训练前的进食,食物不宜过多,但要提供一定的热量,要易消化,含有较多的糖、维生素和磷,少含脂肪和纤维素;训练后的进食,量可以大些。

(4)晚餐不宜过多,且不宜吃含脂肪和蛋白质过多以及刺激性较强的食物,以免影响睡眠。

(5)在冬天进行训练时,由于能量消耗过多,所以要加强能量和维生素的摄入,可适当增加脂肪的摄入;在夏天进行训练时要注意适时适当饮水。

第二节 跆拳道技能训练与运动保健保障

一、运动损伤及处理

(一)挫伤

1.挫伤简述

挫伤是指某身体部位受到外界暴力的直接打击而造成的运动损伤。挫伤的症状一般有受伤部位疼痛、浮肿、有瘀血等,如果挫伤严重,会破坏其他器官及组织的完整性。

2.挫伤的处理方法

(1)受伤1~2天内,应在伤口处用冷水、冰块、冷气雾冷敷,

第五章 跆拳道技能训练的科学保障体系研究

起到消炎、防肿、止血的作用,也可用镇痛剂缓解疼痛。止痛后进行包扎处理。

(2)受伤两天后,肿胀和压痛消失,这时对伤口进行针灸、封闭、按摩理疗及中药外敷等处理工作,促进伤口痊愈。

(二)出血

1. 出血简述

出血分为两种情况,即外出血和内出血。外出血分为动脉出血和静脉出血。内出血分为组织内出血、体腔出血和管腔出血。组织内出血主要包括皮上组织出血和肌肉等出血,体腔出血主要包括胸腔出血、腹腔出血与颅内出血,管腔出血主要包括胃肠出血。

2. 出血的处理方法

(1)止血带

止血带主要用来处理外出血。皮管、皮带及气止血带是常用的三种止血带。用止血带处理外出血主要注意以下几点:首先,急救时可用布带绞绑代替捆紧止血。止血带应缚在出血部的近端,压力不可小于 200 毫米汞柱动脉压力。如果压力太小,那么只能闭锁静脉,动脉血依然可以通过,这时不仅不能止住出血,反而会增加出血量。其次,缚止血带时,应先将出血的肢体抬高,然后再用止血带,缚后肢端应呈蜡白色,如果呈紫红色则为止血带使用不当。再次,缚上止血带后,上肢每半小时、下肢每 1 小时分别放松一次,以免肢体坏死。最后,上肢应尽量避免用皮管止血带,如果非用不可的话,使用时应多垫棉花或衣服,否则会引起上肢的麻痹。

(2)压迫

在出血点上直接加压是止血方法中最重要、最有效和最简单的方法。出血点加压法可以闭塞血管(除大动脉破裂者外),防止防御性血栓或血块发生。

(3)充填

躯干的大伤口或不能用止血带的部位通常采用充填方法,运动创伤中很少使用。主要用消毒纱布来充填伤口,从而达到压迫止血的目的。

运动员在跆拳道训练中如果出现体腔出血,如胸腔或肝脏破裂,通常会伴随严重的休克,医学上诊断体腔出血的主要方法是查血色素、红细胞及血球容积。跆拳道运动员如果有严重休克,要及时输血或进行手术治疗。

(三)腰扭伤

1.腰扭伤简述

腰扭伤就是通常所说的闪腰,这是跆拳道训练中较为常见的急性损伤之一,通常在做腰部伸展或倒立动作时容易发生。腰扭伤有以下几种情况。

(1)腰部肌肉轻度扭伤:会有显著的疼痛感,脊柱不能伸直。较重的扭伤是肌肉痉挛引起的脊柱生理曲线发生改变。

(2)腰部棘上韧带与棘间韧带扭伤:受伤时会有局部突然撕裂的疼痛感,腰伸展时疼痛感较轻,过度向前弯腰就会感觉疼痛加重。棘突上或棘突之间有局限而表浅的明显压痛点。

(3)腰部筋膜破裂:多发生在骶棘肌鞘部和髂嵴上、下缘,伤处感觉明显疼痛,腰伸展时疼痛较轻,弯腰和腰扭转时疼痛感加重。

2.腰扭伤的处理方法

(1)立刻停止练习,开始卧床休息。休息时,为了减轻腰部的疼痛感,放松腰部肌肉,可以在腰下垫薄软枕头。如果没有及时休息,继续锻炼,就会造成慢性腰疼,腰扭伤会反复发生。

(2)腰扭伤最好的治疗方法是热敷。具体步骤是用布将炒热

第五章 跆拳道技能训练的科学保障体系研究

的盐和沙子包起来,敷在扭伤部位,每天敷两次。

(3)除热敷外,针灸、拔罐、按摩、理疗等都是可供选择的方法。

(4)如果选用药剂治疗,西药用强的松,中药用五虎丹或跌打丸,要在医生的指导下服用。

(四)肌肉拉伤

1. 肌肉拉伤简述

肌肉拉伤也是跆拳道训练中常见的一种肌肉损伤。检查肌肉拉伤部位的主要方法是检查肌肉抗阻力。具体做法是伤者收缩受伤肌肉,外界施加一定阻力,在对抗过程中,哪个部位出现疼痛感,即为肌肉拉伤部位。肌肉拉伤有轻重之分。轻者拉伤部位感到疼痛、发硬、肿胀,伴有肌肉紧张或肌肉痉挛症状。重者就是肌纤维断裂,伤者往往自己能感到或听到断裂声,然后出现肿胀、出血、肢体活动受阻等症状。

2. 肌肉拉伤的处理方法

(1)要详细分析伤者的病情,视情况而定。

(2)如果伤者是少量肌肉断裂,应立即进行冷敷和局部加压包扎,并抬高受伤部位,或者用中草药外敷。

(3)如果伤者是大部分肌纤维断裂,首先要加压包扎,然后送往医院进行手术治疗。

(五)关节扭伤

1. 关节扭伤概述

(1)肩关节损伤

"肩关节损伤是指肩关节的反复旋转或超常范围的活动,引起了肩袖肌腱和肩峰下滑囊受到肱骨头与肩峰或喙肩韧带的挤压、摩擦和牵扯。"①

(2)掌指关节损伤

掌骨、第一节指骨及一、二、三节指骨共同构成掌指关节。掌指关节损伤主要是由于侧向外力的冲击突然作用于手指而造成的。掌指关节损伤的主要症状是伤口疼痛、肿胀、关节活动受限，不能灵活伸屈等。跆拳道训练中发生掌指关节损伤主要是因为练习场地地面过硬或动作不到位所致。

掌指关节损伤具体可分为四种情况：第一是指关节副韧带损伤，主要症状是局部出血，肿胀，关节呈畸形状；第二是掌指韧带断裂，主要症状是指关节肿胀，畸形，并出现异常侧向运动和轻度侧弯畸形；第三是手指关节挫伤，主要症状是疼痛、压痛、肿胀、活动不灵活。第四是关节脱位，主要症状是关节不能伸直或畸形。

(3)膝关节侧副韧带损伤

膝关节外侧韧带损伤主要是因为在跆拳道训练过程中，膝关节弯曲引起小腿突然内收内旋，或脚固定时，大腿突然外展外旋而造成的。膝关节侧副韧带损伤的主要症状是膝关节疼痛、肿胀，伤处周围抽筋，膝关节不敢用力伸展，活动不灵活。如果膝关节侧副韧带损伤严重，完全断裂时，膝关节将彻底不能活动。

2.关节扭伤的处理方法

(1)肩关节损伤处理

第一，及时停止训练，将上臂抬起，适当休息；第二，主要的治疗方法是按摩（推、揉、搓、滚等手法）、针灸、封闭与理疗，效果等同，然后适当上拉肩部和上臂以锻炼肩关节；第三，如果肩关节损伤严重，甚至肌腱断裂，需要及时将伤者送往医院作深度检查。

(2)掌指关节损伤处理

第一，掌指关节轻微扭伤，稳定性正常者，轻轻拉引手指，外

---

① 顾丽燕.运动医务监督[M].北京：北京体育大学出版社，2009.

擦舒筋药酒,然后把靠近伤侧的健指与患指用黏膏固定在一起。第三天开始练习主动屈伸活动,并继续外擦舒筋药酒。

第二,急性关节损伤者应立即包扎固定,一天后可进行理疗、按摩、外敷药膏等综合治疗。

第三,损伤后稍有侧向活动者,宜用一块弓形小夹板放在掌侧将患指固定于半屈位,3周以后开始练习关节屈伸活动。

第四,损伤后有明显侧向活动者,应及时送往医院进行手术缝合处理。

第五,关节脱位者,可立即进行整复手法,整复工作要找有经验丰富的医生来做,整复固定2周。

第六,关节不能伸直或畸形者,若有肌腱断裂或撕脱骨折,宜尽早处理,可根据情况采用保守治疗或手术缝合治疗。

(3)膝关节侧副韧带损伤处理

第一,膝关节侧副韧带轻度损伤者,内服消肿止痛药,外敷止痛药膏。伤处痛感有所缓解后,再进行针灸、理疗或按摩。

第二,部分韧带撕裂者,局部伤处及时进行冷敷,然后包扎,抬高受伤膝盖加以固定,内服止痛药;两天后进行针灸、按摩或理疗。

第三,韧带完全断裂者应及时送往医院进行手术处理,手术后要积极锻炼,以便尽早康复。

二、运动伤病及防治

(一)过度紧张

过度紧张是指在跆拳道训练过程中,由于训练的负荷过大或者超过了运动员机体负荷的承受能力而引起的急性病理性变化。在跆拳道训练过程中,训练不足、体育基础较差、长期中断训练或有某种疾病的运动员易发生过度紧张。

1. 产生原因

(1)训练水平低。

(2)跆拳道运动员的生理和心理状况不佳,准备不足或受到了剧烈精神刺激后进行训练。

(3)恢复伤病后的训练,因伤病较长时间中断训练,恢复后突然或过于迅速地投入到剧烈训练中。

(4)患有疾病,特别是患有高血压病、心脏病者,或急性病初愈而未完全康复者勉强完成剧烈训练。

2. 主要症状

过度紧张的症状主要有急性胃肠功能紊乱及训练应激性溃疡;急性心脏功能不全和心肌损伤;昏厥;脑血管痉挛。

3. 处理方法

(1)轻者,应安静平卧,并注意保暖,可服用热糖水或镇静剂,一般地,经过短时间的休息即可恢复。

(2)心功能不全者,应保持半卧姿势,保持安静,并针刺或掐点内关、足三里等穴。

(3)过度紧张至昏迷者,可掐人中、百会、合谷、涌泉等穴,并及时就医。

(二)运动性血尿

正常人的尿液中没有红细胞,而在剧烈运动后,显微镜下经检验后无相关病理性原因的血尿称为运动性血尿。血尿属于一种临床症状,全身疾病、泌尿系统及其周围器官的疾病、肾功能改变是导致血尿的常见原因。因此,一旦发现血尿就要进行详细检查,如检查后没有发现任何疾病,那么就是由剧烈运动而引起的运动性血尿。

1. 产生原因

(1)训练过程中,人体内有新的血液分配,大量的血液都流向与锻炼有关的器官,此时肾脏的血流量就会减少,肾小球出现缺血现象,导致血液中乳酸含量和肾小球通透性增加、过滤机能下降,漏出蛋白质和红细胞,出现蛋白尿和血尿。

(2)训练过程中,如果肾脏遭受震动或打击,就会引起肾脏充血或损伤,从而导致血尿的出现。

2. 主要症状

运动性血尿多在运动后即刻突然出现,其严重程度与运动负荷量和强度有关,除血尿外无其他任何症状。出现血尿后,只要停止运动,一般在三天内即可完全消失。

3. 处理方法

(1)凡出现血尿的跆拳道运动员,应停止训练进行检查。如果属于运动性血尿,就要减少训练的负荷量,进行药物治疗。

(2)如果属于器质性疾病,应针对病因进行治疗,切忌再进行剧烈训练。

(三)运动性腹痛

运动性腹痛是指运动员在跆拳道训练过程中,因生理和病理原因而发生的腹部疼痛症状。在跆拳道训练过程中,肝脾淤血、胃肠痉挛和膈肌痉挛是导致腹痛的常见原因。

1. 产生原因

(1)训练水平较低、准备活动不充分或过度紧张引起。

(2)空腹训练。由于胃酸或冷空气对胃的刺激引起胃痉挛。

(3)饱腹训练。吃得过饱、过多或吃了较难消化的食物使胃肠充盈、饱满,在剧烈的训练中受到牵扯引起胃肠痉挛。

(4)训练节奏乱。训练的速度和强度突然过快和过大,以致内脏器官和心肺功能赶不上肌肉工作的需要引起腹痛。

2.主要症状

一般运动性腹痛者会有无力、胸闷、下肢发沉等症状。腹痛原因不同,症状也不同。运动性腹痛主要有以下三种情况:第一,如果腹痛由呼吸肌痉挛或活动紊乱引起,疼痛的性质多为锐痛,肋部和下胸部是主要的疼痛部位;第二,如果腹痛由肝脾瘀血肿胀引起,腹痛的性质多为钝痛、胀痛或牵扯性痛,左腹部是主要的疼痛部位;第三,如果腹痛由胃肠道痉挛或功能紊乱引起,腹痛的性质多为钝痛、胀痛甚至绞痛,肚脐周围、左下腹是主要的疼痛部位。

3.处理方法

(1)根据腹痛的性质、部位与训练负荷的关系,判断是由与训练有关的生理原因引起,还是由疾病引起,做到有的放矢地治疗。

(2)查明运动性腹痛的原因,有针对性地进行处理。如果是训练引起的腹痛,应及时降低负荷强度,适当减慢速度,调整呼吸和动作节奏,再用手按压疼痛部位,如果无效或疼痛反而加重,应立即停止训练,请医生诊治。如果是疾病引起的腹痛,根据原发疾病进行治疗。

(四)运动性昏厥

运动性昏厥是指运动员在跆拳道训练过程中,由于脑部突然血液供给不足而发生的暂时性知觉丧失现象。

1.产生原因

(1)剧烈训练或长时间训练后,大量血液积聚在下肢,回心血量减少所致。

(2)剧烈训练后引起的低血糖导致运动性昏厥。

第五章　跆拳道技能训练的科学保障体系研究

2.主要症状

如果发生运动性昏厥,轻者会出现全身无力、头昏耳鸣、面色发白、恶心、眼前发黑、出虚汗等症状。重者会失去知觉、突然昏倒。昏倒后,面色苍白,四肢发凉,脉搏跳动慢而弱,呼吸缓慢。昏倒片刻后,会消除脑缺血,开始恢复知觉并逐渐清醒,但醒后精神状态不佳,仍有头昏和无力感。

3.处理方法

(1)昏厥后应迅速平卧,足稍高于头部,由小腿向心脏方向推摩或拍击。同时用手指点压人中、合谷等穴位,必要时给氨水闻嗅。如果有呕吐现象,应将患者头偏向一侧。

(2)如果出现轻度休克,应在同伴的搀扶下慢慢走一段时间,帮助进行深呼吸。

(3)如果患者停止呼吸,应马上进行人工呼吸。

(五)运动性中暑

运动性中暑是指人体的一种高热状态,多是在跆拳道训练中运动员产生的热超过了身体的散热能力引起。通常在炎热的夏季进行训练比较容易引起运动性中暑,常见的运动性中暑有热射病、日射症、热痉挛和循环衰竭四种类型。

1.产生原因

(1)热射病是高热环境中的一种急性病。在跆拳道训练过程中,运动员体内产生较多的热,如果天气温度和湿度较高,且空气流通不好,就会影响体内散热。体内大量积累热量,会出现体温大幅度升高,导致水、盐代谢紊乱,严重影响体内的生理机能以及中枢神经系统的机能活动,最终表现为中暑症状。

(2)日射症是一种强烈的机体反应,主要由阳光直接照射头部而引起。

(3)热痉挛主要是由于训练中机体大量排汗,体内过多消耗水和盐,以致电解质平衡紊乱而导致。

(4)循环衰竭主要是由训练时机体失水过多,使血容量减少而引发。

2. 主要症状

运动性中暑的发生较为突然,中暑者有皮肤高热、干燥、呈粉红色,中枢神经系统功能出现障碍等症状。

3. 处理方法

(1)如果中暑较轻,应及时对患者进行降温处理,迅速在凉爽、通风的地方安置患者,使患者平卧休息,头部稍垫高,将患者的衣服松解,进行全身扇风和冷敷头部,并用温水或酒精擦身,给患者准备盐开水或清凉饮料,必要时服用解暑的药物。

(2)如果头痛剧烈,应针刺或点太阳穴、风池、合谷、足三里等穴。

(3)如果中暑昏迷,应及时刺激患者的人中穴进行急救,并重度推摩和揉捏患者的四肢,必要时应及时送医院进行治疗。

第三节 跆拳道技能训练与科学医务监督

一、跆拳道运动员的自我监督

自我监督是指运动员在训练和比赛过程中,对训练和比赛成绩以及健康状况进行自我检查,并定期在日记中记录检查结果。运动员自我监督的内容包括主观感觉和客观资料两个方面。主观感觉主要包括一般感觉、睡眠、食欲、运动情绪等;客观资料主要包括脉搏、肺活量、体重、出汗情况等。同时应结合训练内容、

第五章 跆拳道技能训练的科学保障体系研究

比赛或测验成绩进行分析。运动员正常的自我感觉应该是精神饱满、愉快、训练积极性高,训练后稍有疲劳,肌肉有酸累感,但休息后很快就会恢复。如果运动员感到精神不振,困倦无力,容易激动,局部关节肌肉酸软、麻木、疼痛、胸部憋闷、气短、腹胀、腹痛等都属于异常现象。

运动员的自我监督有助于检查运动锻炼内容是否合理,方法是否正确,运动量是否合适,身体健康状况和功能水平变化等情况。在运动员自我监督过程中,需要观察并记录一些相应的指标,这些指标包括主观感觉的指标和客观观察的指标。这些指标对分析和掌握运动员训练和比赛时的身体状态,预防和早期发现运动伤病,指导正确的训练和比赛计划具有十分积极的意义。

(一)客观检查

运动员对自己身体状况的客观检查可通过简单的体格检查与观察身体新陈代谢的方法相结合进行。客观检查的内容主要包括脉搏、体温、体重、运动成绩、伤病情况等。

1. 脉搏情况

运动员对自身的脉搏情况进行检查,可了解自身的心脏机能状况和机体疲劳状况。脉搏检查一般测桡动脉,也可按压颈动脉,最常用的方法是桡动脉触诊。脉搏检查主要注意脉搏频率、节律、强弱等变化。测量脉搏频率时,要注意内界和外界各种因素对脉搏跳动频率的影响,通常运动员经过训练后,安静心率较慢。此外,脉搏的跳动节律也是检查时应注意的方面。在训练时期,如果每分钟晨脉比过去减少或无明显改变,节律齐,表明运动员身体机能反应良好、有潜力;如果每分钟比过去多12次以上,则表明疲劳未消除或机体存在病患;如果晨脉数比过去增加明显,且长期未能恢复,可能是早期过度训练的反映;如果发现脉搏节律不齐或有停跳现象,可能是心脏机能存在异常,应采用心电图等方法做详细检查。运动员的脉搏,通常以30秒为计数单位,但要分别记下 3 个 10 秒的数值。

2. 体温情况

体温状况也是运动员进行自我监督时需要关注的重要方面。通常来说,正常人的口腔温度为 36.5℃~37.2℃,腋下温度较口腔温度低 0.3℃~0.6℃。运动员体温会随着生理状态、昼夜时差、年龄、性别、环境等不同而稍有波动。运动员在非运动训练时的基础体温与正常人相同,在运动训练过程中,由于肌肉运动产热明显,机体代谢率增加,运动员体温会略有升高。即运动状态下体温略高,安静状态下略低,早晨 4~6 时体温最低,午后 5~6 时体温最高,但在 24 小时之内,体温变化不超过 1℃。

测量和记录体温的最佳时间是清晨醒来后活动开始之前。长期记录体温变化有利于运动员判断自身新陈代谢情况,预测运动成绩变化。另外,体温能在一定程度上反映运动员身体代谢水平,比赛或赛前的紧张情绪也可使运动员体温升高。因此,体温的变化可以反映运动员赛前的紧张状态。

3. 体重情况

体重变化情况有助于观察运动员进行运动训练的运动量是否适宜。体重综合反映了人体肌肉、脂肪、内脏器官及骨骼等生长发育的情况,是评定跆拳道运动员身体发育的基本标准之一。健康青少年的体重是相对稳定增长的。运动训练或者比赛后,体重常常下降。体重下降的幅度与运动强度、运动持续时间成正比。一般说来,运动员在经过系统的运动训练之后,其体重变化会表现为以下三个阶段。

第一阶段:由于机体失去过多的水分和脂肪,体重有逐渐下降的趋势,一般下降 2~3 千克。这个阶段一般持续 3~4 周。体型较胖或参加系统训练前较少活动者,体重下降的幅度可能还要大一些。

第二阶段:体重处于稳定时期。运动后体重减轻,但在 1~2

天内得到完全恢复。这个阶段持续5～6周以上。

第三阶段：由于肌肉等组织逐渐发达，体重有所增加，并保持在一定的水平上。如果发现体重减轻了2～3千克以上，应考虑是否运动量太大。如减少运动量体重仍然不能回升，就需要运动员去医院做身体检查。

运动员在系统的训练之后出现体重下降情况，并伴有其他异常情况，如情绪恶化、睡眠失常等，可能为早期过度训练或身体患有慢性消耗性病变（如肺结核、甲状腺机能亢进）、热能不足等。进行大运动量训练的运动员在停止训练后，体重增加，是生理反应。如果运动员的体重出现逐渐增加的情况，则表明其运动量小，热量累积过多。

运动员测量体重的最佳时间是清晨或其他固定时间。体重在一天内也会因饮食、运动因素而有周期性变化，一般清晨偏轻，下午和夜晚偏重。因此，运动员应定期测量体重，一般每周测量1～2次。除了定期的测量外，还可分别在运动训练前、后测量，作为观察运动训练对体重影响的参考指标，直到调整运动量。

4.运动成绩

运动成绩也是运动员自我监督的一个重要方面。运动员在平时运动和比赛中记录运动成绩有利于合理地判断运动训练强度安排是否合理，可以促进更合理地安排运动训练，帮助运动员提高成绩，达到更高的运动水平。运动成绩长期不增长或下降，可能是身体机能状况不良的反映，也可能是早期过度训练的表现。由此可见，运动成绩也是运动员观察自身机体的健康水平和运动训练状况的一个客观监督指标。

5.伤病情况

运动员在运动训练和比赛中应做好对自我伤病情况的监督。运动员在参加容易发生运动创伤的运动项目时，应每天进行伤情检查,如肩部易伤项目应做肩的反弓试验,检查肩袖是否受损;易患髌骨软骨病及髌腱周围炎者应检查是否有半蹲痛等,如有疼痛即应报告医师进一步检查,以便早发现,早治疗。

6.女性月经情况

对于女运动员而言,月经情况也是运动训练和比赛中需要注意的方面。女性月经期周期受下丘脑—垂体—卵巢分泌性激素的反馈调节控制。运动训练和比赛都有可能打破平衡,导致卵巢功能紊乱,出现运动性月经失调。因此,女运动员应该详细记录月经周期,月经期出血量,有无痛经等症状,以便掌握自身生物节律变化,从而为更好地参加运动训练和比赛做好准备。

(二)主观感觉

1.精神状态

精神状态是指人脑对外界环境各种刺激进行反应时所表现出来的功能活动状态。运动员应当掌握正确评价自身精神状态的基本能力,利用运动员自我监督表,及时、客观地记录并评价自己在平时生活、训练和比赛期间的精神状态。通常情况下,良好的精神状态表现为精力充沛、情绪稳定、心情愉快;不良的精神状态表现为精神不振、浑身乏力、情绪易于激动。而一般的精神状态则介于以上两者之间。为了保持身体健康和提高运动成绩,运动员务必保持健康正常的精神状态。

2.自然反应

通常来说,人体机能处于正常状态时则自我感觉良好。如果运动员在运动训练中或运动训练后,出现异常的疲劳,头晕、恶心甚至呕吐,以及身体某些部位感觉疼痛,则说明体力不好或患病。因此,运动员应该主动观察并记录平时或训练、比赛过程的不良感觉,如疼痛、恶心、发热、呕吐、眩晕等。

二、各个比赛阶段的医务监督

因受赛场上竞争激烈的紧张气氛影响,运动员身体的各个系统都会处于一种高度兴奋和紧张的状态,如神经系统高度兴奋、呼吸系统和心血管系统功能活跃等。因此,对于比赛期间的运动员而言,做好医务监督工作十分必要,这就需要医务监督工作者做好对运动员的医务监督工作,如进行赛前体格检查,确认场地器械、宿舍条件、饮食卫生、生活制度及防病措施等的执行情况,开展卫生知识宣传,组织场地急救工作等,使运动员以最佳的身体状态和心理状态参与比赛和训练。

(一)赛前医务监督

1. 做好比赛日程安排

比赛之前,需要根据运动员的年龄、性别进行分组。每个运动员每天比赛的项目不宜过多,比赛之间要保证有适当的休息时间。在制订比赛计划时应充分考虑当地的气候条件。如果在炎热的夏天进行比赛,中午休息时间不得少于 2.5～3 小时,不在一天中最热的时间安排比赛。此外,日程时间安排和运动员的时差反应也是需要重视的方面。

2. 做好赛前的运动场地、体育器械检查工作

比赛之前,医务监督者还应做好运动员的饮食、救护配备等方面的准备工作,以保障运动员的安全和比赛的顺利进行。运动员应注意选择合适的运动服装、运动鞋等。

3. 进行赛前体检

比赛之前,运动员应进行严格的体检,重点检查心血管系统,主要检查项目有脉搏、血压、心脏听诊、胸透等,必要时还可做机能试验。当运动员出现感冒、发烧、过度疲劳、心动过速、心脏有病理性杂音、心电图有异常改变、外伤未愈或各种内脏器官的病变期等,不得参加比赛。女运动员应注意有无月经来潮,月经量多者不宜参加剧烈的运动。

4. 做好准备活动

运动员正式参赛前,针对不同项目的特点进行准备活动,先进行一般准备活动,然后做专项准备活动,特别要注意易伤部位的准备活动。

5. 合理膳食

合理膳食也是运动员在赛前应注意的重要方面。运动员应根据所参加比赛的项目、能量消耗等情况,妥善安排赛前膳食及就餐时间,增加蛋白质、糖、脂肪的供应量,从而为接下来激烈的比赛提供能量支撑。

6. 做好赛前的各种宣传教育工作

赛前的各种宣传教育工作主要包括介绍比赛的相关知识、比赛中的医务监督和保护、运动性损伤和运动性疾病的急救等。特别是在冬春季节的比赛,由于气温较低,运动员一定要做好充分的准备活动,避免肌肉和关节、韧带僵硬导致的运动性损伤和运动性疾病。

(二)赛中医务监督

(1)对运动员做必要的机能检查,观察其比赛中的机能变化,如心率、血压、体温、肌肉紧张状态等。

(2)帮助运动员缓解赛前紧张情绪,使其以最佳竞技状态投入比赛。

(3)做好运动员赛中补充营养和饮水的供应工作。如果在炎热的夏季进行比赛,运动员应注意补充水和盐分,以防中暑、水和电解质代谢紊乱。注意运动员营养卫生,讲究营养进食。

(4)应做好运动员赛中意外损伤的预防和急救工作,如运动员在运动出现腹痛、中暑、肌肉痉挛、低血糖,膝部、手部、踝部关节韧带扭伤等。

(5)运动员应严格遵守竞赛规则。发扬高尚的体育道德风尚,不要做出可能伤及对方的粗野举动,如运动员受伤或受重击倒地,应根据其受伤情况决定是否有继续参赛的资格。

(三)赛后医务监督

(1)运动员在比赛之后应进行体格检查。根据运动项目的特点,在赛后的一定时间内测定某些生理、生化指标,如血压、体重、脉率、心电图、尿蛋白以及心功能实验等,观察运动员机体的恢复情况,一旦发现异常病变,及时进行治疗。

(2)运动员在比赛结束后也需要注意膳食营养的合理搭配。运动员在比赛时体内消耗大,应及时、合理安排膳食,使其消耗体能尽快得到恢复。切忌暴饮暴食。

(3)比赛之后运动员应注意做好疾病的预防。剧烈比赛后,身体疲惫,抵抗力降低,容易患病。因此,要特别注意预防感冒及其他疾病。

(4)比赛后运动员应进行充分的休息。在赛后休整期内,保证运动员遵守各项生活制度,保证睡眠时间,以利于机体得到恢复。

第四节 跆拳道技能训练过程的科学监控

跆拳道训练是一个有机统一的完整过程,其特点是连续不间断、具有很强的阶段性。在训练过程中,跆拳道运动员的竞技水平也在不断变化着,其训练水平的保持是相对的,其训练状态的变化是必然的。

跆拳道训练过程的监控是指在科学化训练的指导下,把运动员的训练与比赛放在一个最佳状态的系统中,使得运动员的竞技能力向着发展与提高的方向不断产生适应性变化,最终促使运动员取得最佳运动成绩。最佳定向控制运动员训练与比赛的状态变化,是跆拳道训练过程监控的实质。

一、跆拳道运动员身体机能监控

在安排跆拳道运动员训练时,运动员的身体机能状况是一项重要的影响因素。在运动过程中,运动员机体在生理活动与代谢过程两个方面也会出现相应的变化。测定与比较运动员的生理指标和生化指标,能够给训练过程的科学监控提供客观依据。

在跆拳道训练过程中,要想有效反映运动员的身体机能水平,则需要在机能状态的监督过程中使用几项较为简单和敏感的指标与测验方法。

(一)心率

在身体机能监控的指标中,心率是最为简便的指标。在运动员身体状况大体不变的情况下,运动负荷相同,运动员的心率也较为稳定。一般情况下,在对跆拳道运动员进行监督的过程中,安静心率、承担定量负荷时的心率以及最大心率指标是常用的测定指标。

如果在特定时期的训练过程中,运动员的安静心率下降,则在一定程度上反映出运动员心血管功能水平提高和机能节省化;如果在前后一段时间的训练比较中,承担定量负荷时的运动心率出现减少趋势,则表明运动员的机体工作能力有所提高,反之则表明运动员的机体工作能力有所下降;如果跆拳道运动员在承担极限负荷时,最大心率有增长趋势,则表明运动员的心功能水平有所提高;如果运动员承担的运动负荷强度越大,最大心率越高,停止运动负荷后心率下降越快,则表明运动员的心脏最高机能水平与机体快速恢复能力越强。

最大吸氧量可以对跆拳道运动员承受大负荷时的有氧能力

加以评价,此外也能够对运动员最大限度使用氧的速度进行客观反映。跆拳道运动员最大吸氧量的水平越高,则其在完成定量工作时有氧供能的成分就越多,所以最大吸氧量通常被当作对跆拳道运动员耐力水平与机能状态加以评定的重要指标。

(二)血乳酸

反映骨骼肌代谢能力与合理安排有效负荷量以及进行机能诊断的最实用指标,即血乳酸。在运动员的 ATP-CP、糖酵解以及糖原有氧供能能力方面,跆拳道项目有着很高的要求。与此同时,跆拳道项目对运动员提高机体耐乳酸能力的训练也有着较高的要求。血乳酸是跆拳道运动员在比赛中保证体能和维持技战术动作不变形的有力保障。

在对有氧能力进行评定时,可以通过多级负荷试验与两点法绘制血乳酸(强度曲线),然后比较前后的训练。如果强度曲线向右移动,则表明在相同血乳酸值时能够达到更高强度,则表明跆拳道运动员的有氧能力有所改善;如果强度曲线向左移动,则表明跆拳道运动员的有氧能力有所减退。

在对无氧能力进行评定时,可以进行一定强度的练习,促使运动员的血乳酸值尽量达到最大值。跆拳道运动员的血乳酸值越高,则表明运动员的机体无氧糖酵解和机体耐乳酸能力越强。一般认为,耐乳酸能力的训练要维持血乳酸水平在 12 毫摩尔/升以上。

在一次训练课之后,跆拳道运动员的血乳酸水平在 8.0 毫摩尔/升为宜,在比赛结束后血乳酸水平可能高达 10.0 毫摩尔/升以上,据此可以对赛前训练有无达到比赛强度加以监控。从训练课次日早晨开始,血乳酸水平在 4~7 毫摩尔/升的跆拳道运动员,说明其机体恢复状况良好;血乳酸水平达到 6~8 毫摩尔/升的优秀运动员,则表明其机体恢复状况良好。

(三)血尿素

跆拳道运动员的机体蛋白质代谢,受大强度训练或者比赛的影响较大。以跆拳道运动员在训练前后或者比赛前后的血尿素变化为依据,可以客观评价出训练比赛的负荷强度。负荷越大或者跆拳道运动员的机体适应能力越差,则跆拳道运动员的血尿素水平上升越明显,同时其恢复速度越慢。在训练结束后,血尿素增幅小且恢复速度快的运动员,可以承受大负荷的训练;血尿素增幅大且恢复速度慢的运动员,承受大负荷训练的难度较大。

(四)血红蛋白

血红蛋白是进行机能监控的一项重要指标,其可以有效反映跆拳道运动员的血液供氧能力。当跆拳道运动员的营养状况处于良好状态时,则其血红蛋白的变化主要和运动量变化有关,和运动强度之间的关系不明显。

一般情况下,在训练周期的开始阶段,血红蛋白水平会呈现出下降趋势,伴随着机体对训练的逐步适应,运动员的血红蛋白水平也会随之回升。如果跆拳道运动员的营养状况处于良好状态下,其血红蛋白水平不断下降或者很长时间没有回升,则表明运动员的机体对训练不适应,训练的运动量过大。

(五)血清肌酸激酶(CK)

血清肌酸激酶的活性变化有三个方面的作用:第一,可以对肌肉训练刺激的程度加以评价;第二,可以了解运动员骨骼肌的微细损伤;第三,可以了解肌肉对训练的适应情况和恢复情况。

跆拳道项目属于格斗性质的项目。运动员在参与跆拳道训练时,对其肌肉刺激较为显著,当训练强度提高时,跆拳道运动员的血清肌酸激酶活性也会明显提高。运动员在素质训练、实战训练之后,血清肌酸激酶会比安静值提高 3~4 倍;在赛前调整期,跆拳道运动员的血清肌酸激酶的活性则会与安静值接近。通过长期监控血清肌酸激酶的活性变化,能够对跆拳道运动员的肌肉疲劳发展进行有效控制,进而调整为适宜的训练强度,有效避免跆拳道运动员出现肌肉受伤的情况。

(六)血清睾酮(T)与皮质醇(C)

在监控某个训练周期的训练状况时,一般会同时测试血清睾酮(T)与皮质醇(C),并且计算出 T/C 值,进而对运动员的疲劳及恢复状况、过度训练与阶段训练效果加以监测。倘若跆拳道运动员的血清 T/C 值不变或提高,则说明其机体分解代谢没有超过合成代谢,运动员的机能处于正常状态;当跆拳道运动员的身体机能处在良好状况时,其血清睾酮水平会出现增加,同时其体能也会随之增强;当跆拳道运动员处于疲劳状态、过度训练状态或者机能状态不佳时,其血清睾酮水平会有所降低。

二、跆拳道训练过程运动负荷的监控

当运动员有机体受到运动负荷的刺激后,会产生并出现一定的变化。当有机体受到的负荷刺激适宜时,能够产生适应性变化;如果没有合理安排运动负荷,即便训练目的明确、训练手段正确,也很难实现预期的训练目标,有时可能会造成运动员的竞技能力出现下降。由此可知,监控跆拳道运动员在训练过程中的运动负荷是十分必要的。

运动负荷属于一个因素多、层次多的结构,为更好地监控跆拳道运动员的训练过程,以运动负荷的性质为依据,可以将其划分成训练负荷与比赛负荷。训练负荷与比赛负荷的监控情况,在很大程度上影响着跆拳道训练过程的组织效果与实施效果。

(一)训练负荷监控

跆拳道训练过程中,运动员需要完成的练习量度就是训练负荷。为了使实际操作更加方便,可以采用一些负荷特征的具体参数来监控训练负荷。具体参数包括训练总量、训练天数以及训练总课次,通常训练天数以训练总时数(以小时计)表示。

据此,能够细分出一些更加具体的负荷参数,具体如下。

(1)技术训练的时数、战术训练的时数、体能训练的时数。
(2)无氧练习、有氧练习、力量练习的时数等。
(3)技术、战术、体能训练占总训练量的比例。
(4)无氧练习、有氧练习和力量练习占体能训练总量的比例等。
(5)不同训练作用方向的训练课次数。
(6)大、中、小负荷量度的训练课次数等。

(二)比赛负荷的监控

在运动员战术意识的培养、技战术运用能力的提高、训练强度的提高以及最佳竞技状态的形成上,比赛活动均扮演着极为重要的角色。需要说明的是,倘若比赛安排不合理,则常常会让运动员产生过度疲劳,出现运动伤病或者导致最佳竞技状态过早形成或者过晚形成。

在监控比赛负荷时,一般是调整、监督和控制跆拳道多年训练过程的比赛性活动,其监控指标具体如下。

(1)各年度比赛的总次数。
(2)年度训练大周期中主要和次要比赛的次数。
(3)各阶段训练中小型比赛和教学比赛的次数。

训练负荷指标与比赛负荷指标,能够清晰地反映出小、中、大周期乃至多年训练过程的负荷特征,在系统性训练过程中对其进行纵向比较与横向比较,进而找到与跆拳道运动员个体特征相吻合的比赛负荷安排,并在此基础上推动跆拳道训练向着科学化方向发展。

(三)调控运动负荷动态的具体方式

跆拳道运动员竞技状态的发展变化,受运动负荷动态变化的直接影响。在训练负荷与比赛负荷的刺激下,运动员的机体也会随之产生适应性变化,然而适应性变化程度和负荷大小的关系是正比关系。在跆拳道多年训练过程和全年训练过程中,其负荷动

第五章　跆拳道技能训练的科学保障体系研究

态变化的基本趋势是在跆拳道训练中逐步提高负荷直到跆拳道运动员所能承受的最大限度。

但是,跆拳道运动员有机体适应与恢复机制会对运动负荷的渐进与持续产生制约作用,在任何训练阶段均直线提高是不可能发生的。因此,在跆拳道训练过程负荷提高的基本趋势中,并不排除各个训练时期会有各种动态变化。要想对负荷动态实现科学化监控,必须在一定周期的训练过程中,对负荷量与强度的协调变化进行科学化安排。负荷量与负荷强度主要包括以下四种变化形式。

1. 同升同降

"同升"是指负荷量与强度同时增加,其大多用在大负荷训练中;"同降"是指负荷量与强度同时下降,总负荷下降成小负荷,其大多用在调整性训练与过渡性、休整性训练。

2. 一升一降

一升一降具体是指"上强度减量"或"上量降强度"。"上强度减量"大多用在比赛期训练与技术训练,"上量降强度"大多用在过渡期训练与耐力性训练,前者与后者的总体负荷都是中等。

3. 一升(降)一稳定

"加量、稳定强度"大多用在准备期的第一个阶段,即用于巩固身体训练、技术训练以及战术训练中,其总体负荷是中、大负荷;"减量、稳定强度"大多用在赛前训练、技术训练和战术训练,其总体负荷是中、小负荷;"加强度、稳定量",大多用在准备期第二阶段和比赛期的训练以及技、战术训练,其总体负荷是中、大负荷;"减强度、稳定量"大多用在比赛间的过渡阶段和休整期的训练以及改进技术、战术水平的训练,其总体负荷是中、小负荷。

4. 量和强度相对稳定

在特定训练时期内,负荷量与强度保持在特定水平上,其整体负荷是中等负荷,多数情况下用来对已经掌握的体能训练水平进行学习与巩固。负荷量和强度动态变化协调组合的四种形式,对调节与控制跆拳道训练的负荷动态都有着十分重要的指导作用。

　　需要重点说明的是,跆拳道训练负荷的提高应当是在机体对原负荷的不适应反应消失之后、运动能力与机体机能得以提高和机体恢复较充分的条件下进行。通常运动负荷的提高,大多是提高负荷强度,同时降低负荷量,然后保持负荷强度并增加负荷量,维持一定的时间,促使机体适应并巩固。与此同时,除了要注意负荷量与强度动态变化的协调组织外,还需要对练习密度予以高度重视。练习密度不但对机体在训练过程中的恢复程度有影响,而且与重复练习的强度有无保持机体机能变化的高度也有着紧密联系。要保持适宜的练习密度,密度过大或者过小均会对训练任务的完成造成阻碍。在跆拳道训练过程中,确定某种练习的密度之后,通常不会进行大的变动,往往会通过练习数量来调整运动负荷的大小。

三、身体素质监控

　　在跆拳道训练中,体能训练占据重要地位。跆拳道体能训练紧紧围绕的内容是:提高跆拳道运动员的力量素质(基础力量、爆发力、力量耐力)、速度素质(反应速度、动作速度、组合动作频率)、耐力素质和柔韧素质。

　　通过监控跆拳道运动员的身体训练发展水平,能够清晰了解运动员的身体训练程度,为制订与实施训练计划提供重要依据,从而对训练科学化程度的提高发挥积极影响。训练计划的要求以及事先预定的身体训练水平检测指标,是监控跆拳道运动员身体训练程度的主要依据。换而言之,就是把运动素质测评与身体机能状态测评有机结合,利用各种专项测验和非专项测验,对跆拳道运动员在特定训练阶段的运动素质与机能状况进行客观定

第五章　跆拳道技能训练的科学保障体系研究

量评价,进而使其和特定训练阶段的目的相一致,与跆拳道运动员的专项成绩水平相适应。

测验和评定完跆拳道运动员的运动素质与机能状态之后,能够清晰地了解运动素质和机能水平与跆拳道竞技能力之间的内在关系,进而对训练过程身体训练的综合发展水平进行正确评价,使得跆拳道运动员的运动素质与机体机能发展处于均衡状态,同时促使跆拳道运动员的身体训练水平与技、战术训练水平相适应。通过对跆拳道运动员所运用训练方式进行科学评价,最终建立适宜跆拳道运动员身体训练的模型。

(一)力量素质发展水平的监控

1. 生物力学测量手段的测验

在条件允许的情况下,监控跆拳道运动员的最大力量、速度力量以及力量耐力时,可以运用等动测力系统,将比赛动作或者接近比赛动作过程紧密结合,进而对肩、肘、髋、膝等关节肌群的最大肌力、速度力量和力量耐力进行测定,随后就训练过程前后阶段的变化情况展开比较与综合评价。这种测验方式的优势是准确性高,劣势是在经济条件的制约下无法经常采用。

2. 简易测量手段的测验

在跆拳道训练过程中,测定力量素质的常见手段包括以下几种。
(1)采用卧推杠铃和负重半蹲、全蹲分别测定上肢最大力量和下肢最大力量。
(2)采用持杠铃快速前平推 5 秒钟和立定跳远、纵跳摸高测定上肢和下肢的速度力量。
(3)采用定时间、定组数、定方法进行速度性击打沙包,计算单位时间内完成动作的数量,利用动作速度下降的曲线来评价力量耐力水平。

(二)速度素质发展水平的监控

在跆拳道运动的训练与比赛中,运动员速度素质表现形式的集中体现是:反应速度、完成单个动作的速度、组合动作频率和完成系列对抗作用的综合速度能力。监控速度发展水平时,可以采用直接方式或者间接方式、专项方式或者非专项方式来测量与评价。

1.反应时测验

(1)单反应时测验:利用反应计时器,针对运动员对规定动作做出应答反应的快慢进行测定。

(2)选择反应时测验:利用比赛场面实况录像的停格技术,指导受试者判断录像所显示的比赛情况,并在最短时间内按动相应按钮。根据跆拳道运动员的应答情况,对运动员根据某种情况选择性采取某种合理战术决策与行动的应答速度加以判断。

2.单个动作速度测验

(1)利用测力台对跆拳道运动员的单个动作进行测试,进而检测其完成单个动作的速度能力。

(2)计算跆拳道运动员在5秒钟内完成腿法中某个动作的具体数量,进而对运动员完成单个动作的速度能力加以检测。

3.组合动作速度测验

(1)测试跆拳道运动员10~20秒腿法击打沙包的次数,进而测验运动员完成组合动作的速度能力。

(2)采用5秒内完成俯卧撑推手击掌的练习和30米加速跑,进而对跆拳道运动员伸肘的速度能力和伸膝的速度能力进行间接反映。

通常情况下,在测试跆拳道运动员的速度素质时,需要排除速度耐力因素对测试结果造成的影响。

第五章　跆拳道技能训练的科学保障体系研究

(三)耐力素质发展水平的监控

跆拳道运动员的耐力素质可以根据不同划分标准，划分出多种类型。以参与活动的器官系统为依据，可将其划分为肌肉耐力与心血管耐力水平；以能量代谢的特征为依据，可将其划分为有氧耐力能力与无氧耐力能力；以肌肉参与活动的部位为依据，可将其划分为盆带肌肉耐力、下肢肌肉耐力以及全身肌肉耐力；以耐力素质和专项之间的关系为依据，可将其划分为一般耐力水平与专项耐力水平。

1. 实验室条件测验

(1)自行车功率测试：在自行车功率计上，对跆拳道运动员的最大吸氧量进行测验，据此对其训练过程中的有氧能力变化加以评价。

(2)台阶测验：利用台阶测验的结果，对训练过程前后两个阶段的变化情况加以对照，据此对跆拳道运动员的心血管功能水平进行分析与评价。

因为负荷量度能够被严格控制，所以在实验室进行的耐力测试结果可信度高。

2. 常规手段测验

(1)3 000米跑：一般情况下，3 000米跑测验能够测试与评价出跆拳道运动员的一般耐力训练水平和发展水平。

(2)击打沙包测试：在对跆拳道运动员的专项耐力发展水平进行监控时，可以采用以最大强度的腿法练习击打沙包3组，每组1分钟，每组间歇20~30秒，分别计算出3个1分钟击打沙包的平均每秒击打次数。然后用10秒钟击打沙包的平均每秒的次数与3个1分钟击打沙包的平均每秒次数的比值来进行评价，两者的差距越小越好。

在非实验条件下，耐力测验结果的可靠性和受试者主观努力之间有着紧密关系。

(四)柔韧素质发展水平的监控

腰腹、髋关节、踝关节是跆拳道运动员表现柔韧素质的主要部位。

1. 腰腹柔韧性测验

(1)俯卧背伸测验。
(2)坐位体前屈测验。
(3)立位体前屈测验。

2. 髋关节柔韧性测验

(1)两腿纵"劈叉"。
(2)两腿横"劈叉"。

3. 踝关节柔韧性测验

(1)踝关节背屈测验。
(2)踝关节背伸测验。

(五)运动素质的综合评价

通过运动素质测验,收集与训练相关的信息,然后把测验结果和相应标准加以比较,并且开展综合评价,进而对运动素质的训练与发展加以控制。在综合评价跆拳道运动员的运动素质时,应当做好以下三个方面的工作。

1. 筛选评价指标

对运动素质指标展开评价时,应当选取对专项成绩影响与作用最大的指标,该项指标的性质特征与结构特征和专项特征大体相同。第一步,提出初选指标;第二步,开展专家调查,进而把初选指标进行经验筛选;第三步,对通过经验筛选的指标开展实际测试,获取基本数据;第四步,采用统计方法确定评价指标。

第五章 跆拳道技能训练的科学保障体系研究

2.建立评分量表

首先,抽取特定的样本数量,测试已经确定的评价指标,进而获取建立评分量表所需的原始数据;其次,进行指标的正态检验,计算出各指标的平均数和标准差;最后,采用标准化量表或累进量表的形式,建立各指标的评分量表。

3.制定评定标准和评定方法

依照评定内容,制定合理的评定标准与评定方法,科学评定跆拳道运动员的运动素质单项与综合发展水平、各项运动素质均衡发展程度、运动素质综合发展水平与专项成绩适应程度,进而找出跆拳道运动员在运动素质发展方面的欠缺部分,找出跆拳道运动员当前状态与发展目标之间的距离,判断运动素质发展水平和专项成绩水平的适应程度,从而对跆拳道训练过程实施更好地监督与控制。

四、技术训练监控

在跆拳道训练中加强对技术训练水平的监控,可以使教练员及时地获悉运动员掌握技术的程度和技术训练效果的有关信息,从而更好地控制训练过程。

(一)对跆拳道的技击技能形成过程的监督

跆拳道技击技能的形成与发展是一个经历基本技术训练阶段、自我设计阶段和以对手为中心的应变阶段训练的渐进、连续过程。对运动员技术训练程度的监督,应根据不同阶段的特点各有所侧重。

1.基本技术训练阶段

此阶段的任务,主要是学习和掌握基本技术。由于运动员内抑制能力相对较弱,在完成动作的过程中肌肉较紧张,不协调,常有多余动作出现。此阶段技术训练监督的重点放在运动员掌握动作的规格要求、动作的路线、用力的顺序和攻防用法等方面。当发现问题时,应根据运动员完成动作的外部形态和运动员的主诉感觉,分析原因,及时提出练习要求,帮助运动员正确、熟练地掌握动作并达到规范化的程度。

2.自我设计阶段

在本阶段,运动员已经较熟练地掌握了单个技术动作、单个动作的配合运用和使用的技巧和方法,但在及时做出反应动作并掌握动作应用的时机方面存在明显的不足。由于运用动作的时机把握不好,在动作完成的细节上存在缺陷,令人不尽满意。此阶段的监督重点是完成技术动作的质量和实际运用效果。就目前跆拳道训练而言,此阶段的监督还不能准确地提供运动学和动力学的参数,但可通过现场录像,反复再现运动员在基本技术练习过程中的技术动作,并与优秀运动员的技术动作进行比较,加深运动员对掌握动作的使用时机、方位、距离的认识,并结合自身的特点;设计和形成符合个人身体条件、身体素质的技术动作。

3.以对手为中心的应变阶段

本阶段训练的实质是技术动作在比赛中的实际运用。此阶段完成技术动作的训练目的是击中或击倒对手,让自己有效得分或制胜。同时,尽可能防止对方得分。然而,比赛中的情况千变万化,战机稍纵即逝,赛场上的各种因素都会影响运动员技术动作的运用。尤其是对手在比赛中竞技能力的具体表现,更决定了运动员审时度势,根据对手的情况,随机应变地运用各种技术动作。要想在比赛的复杂情况下,灵活自如地应用技术动作,只有通过反复实战,培养和提高运动员比赛的场上意识,不断体验、总结和提高以对手为中心的技术应变能力。

此阶段的监督,主要是在激烈的实战对抗中检查技术动作的

第五章 跆拳道技能训练的科学保障体系研究

实用性和合理性。对于初级和中级运动员,重点监督技术动作运用的正确性和合理性;对于高水平的运动员而言,讲究和追求的是动作的效果,在规则允许的范围内,不论动作规范与否,只要能得分或制胜就行。因此,监督的重点是实战中技、战术动作的击中率和实效性。

(二)跆拳道运动员技术训练的监督方法

1. 经验诊断

富有经验的跆拳道教练员,对于运动员的技术训练具有敏锐的观察力。凭借多年训练的经验模式和直觉,根据运动员完成动作的外部形态,能够较准确地诊断技术动作的质量,并运用术语提示练习要求,引导运动员向正确的技术动作转化。俗话说"名师出高徒",经验诊断的有效性取决于经验模式的正确程度。

2. 联合诊断

采用录像技术手段,现场获取运动员完成技术动作的图像,由科研人员解析,取得动作的运动学参数,并进行定量分析。在量化分析的基础上,与教练员的经验诊断相结合,为动作的改进提供定性和定量的意见。

3. 数据统计与评价

临场技术训练控制应紧紧扣住技术训练课任务的完成情况,评价运动员在某次训练或比赛中的技术表现。监测的重点应放在运动员完成技术动作练习的规格要求上,若发现技术问题,应根据技术动作的外显形式和运动员的主诉感觉,分析原因,及时提示练习要求,帮助运动员正确地演练技术动作,并达到规范的要求。

在技术训练的小周期控制中,由于逐日的连续性训练,必然引起某个技术因素或环节的变化。因此,评价应与本周技术训练的任务及上一小周期技术训练的情况联系起来,监督动作技术的发展趋势。对于每个运动员,最好每周都有技术动作录像,以便反复观察和分析比较技术的改进,以便于评价运动员技术水平的长期发展。

在阶段性的技术训练过程中,应记录因训练过程的各种积累而引起的一系列变化,包括在训练过程中学习和掌握的程度,在干扰因素下(疲劳、对手等)技术的稳定性,在比赛中反映出来的技术动作的运用能力等,全面评价运动员技术训练中的接受能力和适应能力、技术环节和细节的改进、技术的改进与运动成绩增长之间的关系等。

五、战术训练过程监控

战术能力是跆拳道运动员竞技能力的重要组成部分,对其监控是实施运动训练过程控制的重要内容。战术能力发展与变化对运动员体能、机能、心理能力和智能的发展都有很大的影响作用,科学地控制跆拳道运动员战术能力的发展,对于中高水平运动员的训练显得尤其重要。

(一)跆拳道战术训练过程监控的主要内容

跆拳道战术是根据对手的实际情况,为取得比赛的胜利而采取的计策和行动。合理地使用战术,灵活运用各种技术,充分发挥自己的特长,限制对手的特长,从而掌握场上的主动权。

跆拳道战术训练监控主要是针对运动员战术意识、战术理论知识和战术行动的形成与发展过程进行监督和评价。

战术意识是运动员根据跆拳道比赛的规律,及时准确地观察和判断场上比赛的具体情况,随机应变,有目的、有预见性地决定自己行动和对付对手策略的思维活动。运动员战术意识强,可以更快、更好地掌握多种战术和迅速提高战术质量,更有利于掌握先进的战术和促进新战术的创造及绝招的形成,场上比赛战术的

第五章　跆拳道技能训练的科学保障体系研究

运用就更灵活、更有针对性。

战术理论知识包括跆拳道战术指导思想，运用战术的原则，各种攻防战术的形式、套路和这些战术的优缺点，战术的发展、演变和今后的发展趋向，对付各种战术的策略及其有效的方法手段，运用各种战术的前提条件，规则对战术的限制与要求等方面。

战术行动包括跆拳道战术的数量、战术的质量、战术实施方式、战术效果。战术数量是指运动员所掌握的战术步骤和方案数目。战术质量表现在战术的全面性、熟练性、先进性和创新性。战术实施方式是战术应用的具体形式，跆拳道运动员在比赛中会遇到各种各样的对手，即使面对的是相同对手，也会因场上比赛过程的变化而使用多种战术。因此，优秀的跆拳道运动员，必须把符合自己特点、形成得分绝招的战术作为重点，演变成为多种战术应用的变化形式，使之提高场上应变能力，实施有效的战术动作组合，争取比赛的主动权。战术效果主要是指某战术运用与该战术最佳方案的吻合程度，评价该战术的运用能否达到既定的效果。

(二)跆拳道战术训练监控的重点环节

跆拳道战术训练的重点环节：确定战术思想，掌握基本战术，提高战术意识，保证战术质量。确定战术思想是跆拳道战术训练的首要环节。必须明确战术思想，把思想和行动统一到战术训练的总目标上，使战术训练具有强烈的目的性。

掌握基本战术是战术训练的基本环节。打好基本战术的基础，奠定扎实的战术功底，为以后的战术组合、配套战术及形成个人战术体系，创造良好的发展条件。

增强战术意识是战术训练的中心环节。战术意识的外部表现特征为：技术的目的性；行动的预见性；判断的准确性；动作时机的及时性。要想把握场上比赛的主动权，必须准确地预见比赛的发展，预见对手的行动。在比赛过程中始终保持战术思维的清醒性、正确性和及时性，使战术行动符合预定的战术方案，并随机应变,瞬间决定新的战术行动。

保证战术行动质量是战术训练的关键环节。跆拳道战术行动包括进攻、防守、反击、复合进攻、复合反击。战术行动质量的监控,主要围绕三个方面进行:一是战术行动的预见性、及时性、正确性和针对性;二是战术方案的灵活性、应变性、创造性;三是战术实施方式的欺骗性。

(三)跆拳道战术训练监控的方法

1. 观察法

现场观察运动员的战术能力,根据技术的目的性、行动的预见性、判断的准确性、动作时机的及时性,评价其战术意识的表现;根据完成动作的及时性、准确性、针对性、预见性、应变性、创造性,评价其战术行动的质量。

2. 临场统计

通过实地观察和录像观察,对比赛过程第一局、第二局、第三局的得分、警告、扣分等技战术动作的使用情况分别进行统计,了解战术应用的情况、得分的效果及失分的情况,以利于完善个人战术体系,合理运用战术,充分发挥自己特长,限制对手特长。

3. 心理测定法

跆拳道运动员战术活动的心智能力(如表象能力、动觉能力和思维能力等)与战术能力有紧密的联系,在比赛过程中战术意识总是与战术行动结合在一起,往往是在瞬间就要完成几套战术行动方案的思维,并做出最佳战术行动的选择,其过程具有及时性、准确性、敏捷性、灵活性和创造性特点。通过心理测试,检查和评价运动员战术思维能力。

4. 询问法

询问法即运用口头或文字形式来了解运动员战术意识和战

第五章　跆拳道技能训练的科学保障体系研究

术理论的方法。它可用口头提问、运动员及时回答的方式进行；也可以采用问卷方式来进行，问卷包括问答题、填空题、是非题、选择题、图示解答题等多种类型。以此帮助运动员比较系统地了解和掌握跆拳道战术特征和比赛的基本规律，促进战术理论水平的提高和战术意识的增强。

5.仪器分析法

仪器分析法主要用于测评跆拳道运动员的战术思维活动和对比赛活动的速记。其测评装置，由录像机、投影机、计算机和键盘控制器组成。测验时，在屏幕上给运动员放映一组比赛过程不同场景的录像，当受试者看到每个图像时，必须尽快地做出判断，并迅速按动相应的键表明自己的战术决策，计算机将自动累计决策时间和判断错误的次数。通过与事先确定的标准选择进行比较，分析其战术行动决策的正确性，相应判断运动员战术思维能力。

六、心理状态监控

跆拳道是激烈对抗的搏击运动项目，运动员在比赛中既是技术、战术、体能的较量，也是心理能力的较量。良好的心理素质，直接影响着运动员日常训练和场上对抗的能力。

跆拳道运动员心理状态监控，就是对运动员在运动训练和比赛活动中心理状态与行为进行诊断和监督，调整和调节运动员的心理状态，以发挥运动员的身心潜能，保证训练和比赛任务的完成。

（一）跆拳道运动员的心理表现

跆拳道是利用拳和脚进行激烈搏击的对抗性运动项目，它通过竞赛、品式和功力等运动形式，使练习者得以增强体质、掌握技术和战术以及培养果敢顽强的意志品质。跆拳道运动员在训和比赛中的心理表现主要是情绪、自信和顽强的意志。

1. 情绪

情绪是运动员心理的具体反映。跆拳道运动员在训练和比赛中的情绪表现非常鲜明,良好的情绪使运动员激情高涨,不良的情绪则会使运动员消极、失望和悲观。情绪直接影响训练和比赛的结果,甚至影响运动员的运动生涯。

2. 信心

跆拳道比赛过程是"斗技、斗力、斗智、斗勇"的过程,高度的自信能够充分调动一切有利的心理因素,做好思想上、精神上、体力上和技战术行动上的准备,使运动员处于积极、顽强的战斗状态,树立起必胜的信念。

3. 意志

意志行为是一种有目的的支配行为,为克服困难而达到既定目的过程。顽强的意志能够促使运动员不断学习新动作,挑战难度动作,不怕困难,不怕失败,不怕艰苦,不畏强手,坚定地完成训练任务和比赛任务。

(二)跆拳道运动员心理状态监控

1. 日常训练的心理状态监控

(1)主要任务。监督和调节运动员训练的心理情绪,提高训练欲望,控制心理品质培养和形成过程。

(2)监控的内容。运动员训练的态度、训练欲望、训练过程心理品质的表现。

(3)主要监控方法。

①观察法:对训练有厌烦心理状态的运动员,情绪低落,常表现出不愿意去训练的行为现象,即使到了训练场,也缺乏训练欲

第五章　跆拳道技能训练的科学保障体系研究

望,练习的兴奋性低,反应迟钝,动作失调,情绪烦躁。

②调节方法:精神激励。运动员在日常训练过程出现技战术动作不如意甚至动作失败时,指导者以祥和的态度,分析问题所在,开导和激励练习者。避免说一些练习者难以接受的刺激性语言,挫伤训练的积极性。消除心理疲劳。采用转移注意力、训练内容、训练方式及放松训练等调节措施,消除精神疲劳,重温理想训练时的感觉和体验,唤起运动员对训练的兴趣和训练的欲望。

2.赛前训练的心理状态监控

(1)主要任务。通过合理的训练和调节,使运动员增强信心,坚定比赛意志,形成参加比赛的最佳心理状态。

(2)监控的内容。运动员在训练中所表现出来的自信程度,面对困难、面对训练艰苦所表现出来的顽强意志品质、训练情绪的稳定程度。

(3)主要监控方法。

①观察法:

A.通过观察运动员赛前训练阶段情绪的变化,了解情绪的稳定性。

B.观察赛前训练中完成技战术动作时的成功率,判断运动员的自信程度。

C.观察运动员在艰苦的赛前训练及实战训练中的表现,判断其顽强意志品质的形成与发展。

②调节与控制方法:

A.赛前模拟训练:模拟与对手、观众、场地、设备、照明、气候等方面相似的条件,让运动员产生与比赛环境间的适应,调节心理状态,消除紧张情绪。

B.强化技能训练:把注意力放在完成技战术动作的时机、有效性和实效性上,通过提高技战术动作的成功率,增强运动员运用和完成技战术动作的信心,从而树立比赛的自信心。

C.培养和磨炼意志:严格训练,严格要求,在苦练中磨炼意志品质;安排与强手的配对实战,培养敢打敢拼、勇敢顽强的意志品质。

D.自我调节:采用富有节律的深呼吸运动,缓解紧张情绪,调节身心状态;应用自我暗示法,通过意念的控制实现对情绪或行为的调控。

3.临场比赛的心理监控

(1)主要任务。通过监控和激励,调动比赛的欲望,树立比赛的信心,以最佳的心理状态进入比赛。

(2)监控的内容。运动员比赛情绪的稳定程度,比赛的信心和欲望,对比赛艰难性的心理准备程度。

(3)主要监控方法:

①观察法:

A.观察运动员临赛时的精神面貌及行为举止,判断其比赛的情绪。

B.观察准备活动的练习状况,判断运动员对比赛的欲望和信心。

C.观察对比赛困难预计的言行,了解运动员对比赛艰难性的心理准备程度。

②调控方法:

A.语言激励。根据运动员的比赛情绪、比赛欲望和对比赛艰难性的心理准备程度及运动员的个性特点,因人而异地给予必要的指示和不同的语言刺激,如鼓励、表扬、激励、"响鼓重敲"等,以达到增强信心,提高斗志,形成最佳比赛心理状态的目的。

B.自我暗示。身心放松,稳定情绪;表象成功比赛的情景,回忆自己最成功的一场比赛的体验;想象比赛方案并融入过去成功获胜的比赛场景,以形成良好的心理定势,进入最佳竞技状态。

第六章 跆拳道基本技术教学

在跆拳道技能教学中,跆拳道基本技术是其中重要的内容。只有全面掌握跆拳道技术,才能在跆拳道比赛中充分发挥。本章就对跆拳道基本技术教学进行论述。

第一节 跆拳道进攻技术分析及学练方法

一、前踢与横踢

(一)前踢

在跆拳道运动中,前踢是学习横踢的基础,在品势中常常被使用。

1.技术分析

(1)右架站立,身体的重心转移到左腿(图6-1之a)。
(2)提起右大腿的同时髋部略向左转,膝盖朝前,脚面稍微绷直,双手握拳自然垂放在身体的两侧(图6-1之b)。
(3)继续将髋关节前送,右大腿向前抬提,当大腿抬至水平或者稍高时,将小腿向前弹出,用脚面击打目标(图6-1之c)。
(4)直接向右转髋使右小腿折叠快收回到原来的位置(图6-1之d)之后,右腿后撤,还原成右架的准备动作(图6-1之e)。

图 6-1

2.学练方法

(1)动作要领

①提起右腿时,两大腿内侧之间的距离应该尽可能小,即右腿尽可能直线出腿。

②为了保持身体的重心,躯干可以稍微向后倾,尽可能将髋部向前送出,如果是高前踢,髋部则应该尽可能向上向前送。

③击打时脚面应该绷直。

④小腿弹出之后,在弹直的一瞬间,应该有一个制动的过程,从而使脚产生鞭打的效果。

⑤脚尖的方向向前上方。

⑥用前踢主要攻击对方的面部以及下颚。

(2)易犯错误纠正

①身体的髋部没有向前送。

②击打时脚面没有绷直。

③提膝时没有直线出腿。

④支撑腿没有配合髋部的转动。

⑤小腿弹出之后,在弹直的一瞬间没有一个制动的过程,即没有快打快收的折叠小腿的一个过程。

(3)练习步骤

①先练提后腿,同时向前送髋。

②再进行弹出小腿的练习。

第六章 跆拳道基本技术教学

③进行前踢动作的完整练习并能够熟练使用。

④左右架交替进行练习。

⑤空动作练习一段时间之后,脚靶配合进行练习(图6-2)。

图 6-2

⑥两人一组,交替进行前踢的练习。

⑦逐渐提高前踢动作的高度与远度。

(二)横踢与反击横踢

1. 横踢

横踢是跆拳道比赛中最为常用的一种动作,同时也是运动员得分的重要技术之一。

(1)技术分析

①右架站立,身体的重心转移到左腿(图6-3之a)。

②提起右大腿的同时髋部略向左转,膝盖朝前,大小腿折叠,脚面绷直(图6-3之b)。

③继续将右大腿向前提高,左脚向外侧转动,右腿快速鞭打踢出小腿,膝盖朝向左侧(图6-3之cd)。

④用脚面击打对方胸腹部、面部及身体的两肋(或者是所有被护具包围的部位)。

⑤击打之后,右脚自然落下成左架(图6-3之e),之后后撤右脚,还原成右架的准备动作(图6-3之f)。

图 6-3

(2)学练方法

①动作要领

A.横踢与前踢相似,不同之处在于横踢腿的膝盖方向在击打的一瞬间是瞬时转髋朝向对方的腹部,而前踢腿的膝盖方向是向前上方。

B.提起右腿时,两大腿内侧之间的距离应该尽可能小,即右腿尽可能直线踢出。

C.为了保持身体的重心,躯干稍微向左后倾从而配合快速转髋。

D.击打时脚面稍微绷直,但是踝关节要保持放松。

E.小腿弹出后,在弹直的一瞬间应该有一个制动的过程,使脚面产生鞭打的效果。

F.提膝应该尽可能随着转髋同时进行,不能完全转髋之后再提膝,这样会导致膝盖过早偏向左侧。

G.左脚应该配合髋部的转动,转动时可以稍微有一些踮起。

第六章 跆拳道基本技术教学

H.用横踢主要攻击对方胸腹部、面部以及身体的两肋。

②易犯错误纠正

A.右腿上提时,没有直线向前上方提膝。

B.躯干没有稍微向后倾,上体前压,导致腿的长度没有被充分利用。

C.大小腿折叠回收不到位,击打力度不够。

D.击打时脚面没有绷直。

E.小腿弹出之后,在弹直的一瞬间没有制动的过程。

F.先转髋再提膝,从而导致膝盖过早偏向右侧。

G.左脚没有积极配合髋部的转动,或者是在身体向前移动时,支撑腿没有配合向前移动。

2.反击横踢

(1)技术分析

反击横踢就是按照横踢的要领来完成动作,不同之处就是支撑腿随着身体重心的移动轨迹向后或者向斜后方移动。当对方发起进攻时,自己要迅速向后移动重心,并通过反击横踢得点。

(2)学练方法

①先进行前踢的练习,等动作熟练之后再进行横踢的动作练习。

②提后腿(提膝)的同时转髋。

③弹出小腿。

④熟练之后可以进行横踢击打头部(高横踢)的练习(图6-4)。

⑤左右架进行交替练习,让两腿都可以能熟练横踢。

⑥脚靶配合进行练习(图6-5)。

⑦高横踢击打脚靶。

⑧两人为一组,交替进行横踢的护具练习。

⑨结合步法移动进行横踢的动作练习。

⑩进行反击横踢的练习。

图 6-4　　　　　　　　　图 6-5

二、后踢与劈腿

(一)后踢与反击后踢

1. 后踢

后踢是跆拳道比赛中比较常用的一种动作,同时也是运动者反击对方进攻的主要技术。

(1)技术分析

①右架站立,身体的重心移到左腿(图 6-6 之 a)。

②以左脚尖为轴,左脚跟外旋,身体向右后方转动(图 6-6 之 b),同时右大腿提起,使大小腿几乎成折叠状,然后脚尖勾起,头部稍微向右后方转动(图 6-6 之 c)。

③右腿向后平伸后蹬,在蹬直前膝盖稍外翻(向右侧)(图 6-6 之 d)。

④用脚跟部位击打对方的腹部与胸部。

⑤击打之后,右脚落下成左架之后,右脚向后撤,还原成右架的准备姿势(图 6-6 之 e)。

(2)学练方法

①动作要领

A. 当身体进行右后方向转动时,应该快速提起右膝。

第六章 跆拳道基本技术教学

图 6-6

B. 身体转到背朝对方时要制动,右脚同时向后蹬;这时身体不应再有转动,此时膝盖的方向应该与左腿膝盖方向保持一致。

C. 当右腿提起时,两大腿内侧之间的距离应该尽可能小,也就是右腿要"擦"着左腿起腿。

D. 头部在身体转动时也应该配合向同方向转动。

E. 为了保持身体的重心,躯干在向下弯曲的同时应该稍微挺胸。

F. 动作熟练之后转身与后蹬的动作应该同时进行。

G. 最后练习后踢击头(高后踢)的动作。

H. 左脚应该配合髋部的转动,同时调整好身体的重心。

I. 由于对方通常采取的是侧向进攻,因此后踢的方向应该在正前方稍偏向右侧。

J. 后踢进攻主要是攻击对方的胸腹部、头部以及身体的两肋。

②易犯错误纠正

A. 身体转到背朝对方时没有制动而是继续转动,腿没有直线向后踢出。

B. 提右腿时没有"擦"着左腿起腿。

C. 头部在身体转动时应该配合进行同向转动,但是肩部与上体不应该跟着转动,这样很容易让对方反击得手。

D. 转身与后蹬没有同时进行,动作不连贯。

E. 左脚没有与髋部的转动相配合。

2. 反击后踢

(1)技术分析

反击后踢是按照后踢的动作要领完成动作,只是支撑腿向前跳。当对方进攻时,自己应该快速向前移动身体,采用反击横后踢得点。其目的在于与对方保持一定的距离,实际是后跃步加后踢。

(2)学练方法

①开始练习时可以用手扶支撑物,从而更好地体会后蹬的感觉。

②转身的同时要提膝。

③平伸后蹬。

④进行完整的后踢动作练习,用固定靶进行练习。

⑤在熟练掌握动作之后可以进行后踢击打头部(高后踢)的练习(图6-7)。

图 6-7

⑥左架右架可同时进行练习。

⑦练习反击后踢。

⑧以沙袋为道具进行后踢的动作练习。

⑨同伴手持脚靶来进行反应靶练习(图 6-8)。

⑩同伴穿护具进行反应护具的练习。

图 6-8

(二)劈腿与腾空劈腿

1. 劈腿

劈腿也称为"下劈",是跆拳道运动的一种常用动作,同时也是进攻与反击对方进攻的重要技术。

(1)技术分析

①右架站立,身体的重心先移到左腿(图 6-9 之 a)。

②右大腿提起,同时略转髋向左并向上送髋,使右腿膝盖与胸部尽可能贴近,身体的重心向上(图 6-9 之 b)。

a　　　b　　　c　　　d

图 6-9

③右脚高举过头,右腿伸直贴紧上体,上体保持正直或者稍

微向前倾,身体的重心向上(图 6-9 之 c)。

④右脚脚面稍微绷直,右腿迅速下压(像刀劈木块一样),用脚掌或者脚后跟砸对方的头部,身体的重心前移到右腿上,身体应该稍微向后仰来控制身体的重心。

⑤击打之后,右脚自然下落成左架之后,后撤右脚,还原成右架的准备姿势(图 6-9 之 d)。

(2)学练方法

①动作要领

A. 劈腿与我国传统武术中的正踢腿相似,不同之处在于劈腿动作稍微有一点转髋,且提腿向上时应该向上积极送髋,大小腿之间可有一定的弯曲度。

B. 下劈过程中,身体的重心应该向前移。

C. 上提右腿时,右脚脚面无须绷直,应该保持放松,而下劈腿时应该稍微绷直。

D. 也可以直接用前腿(左腿)劈腿,右脚跟步(即随着身体的重心向前移动而向前跳动)。

E. 左脚应该配合身体的向前移动,对身体的重心进行调整。

F. 练习过程中多采用如武术当中的外摆腿与里合腿的劈腿方法,只是在下落时是向前方劈下。

G. 在跆拳道的比赛中,自己运用劈腿时,对方常常会头部向后移动来进行躲避,此时经验丰富的运动者常常会在下劈时距离对方面部很近时有一个向前的蹬踏动作,从而使对方来不及躲闪而被击中面部。这要求运动者应该具备较好的身体柔韧性与控制能力。

H. 劈腿主要是攻击对手的面部。

②易犯错误纠正

A. 起腿的高度不够。

B. 支撑腿没有协调配合身体向上与向前的移动。

C. 下劈时没有控制好身体的重心而使重心前压过多。

D. 上身后仰过度以致下劈的力量不足。

2. 腾空劈腿

(1)技术分析

左架准备姿势站立,先把身体的重心移到左腿,右腿提膝向上,身体向上跃起的同时左脚蹬地起跳腾空,左腿用劈腿向前击打对方的面部。

(2)学练方法

①动作要领

腾空劈腿通常是在与对方处于中远距离时使用,动作要求两臂有力上摆,配合右腿上提与左腿蹬地而使自己的身体迅速腾空。腾空劈腿主要是进攻对手的面部。

②易犯错误纠正

上体在进行提膝腾空时过于后仰或者是举腿高度不够,从而导致劈腿时下劈力量不够。

③练习步骤

A. 开始练习时可以扶物进行提腿提膝与上举腿的练习。

B. 练习下劈腿的动作。

C. 对劈腿动作进行完整练习。

D. 对外摆腿与内摆腿的劈腿动作进行练习。

E. 左架右架可以同时进行练习。

F. 进行腾空劈腿的练习。

G. 用脚靶进行劈腿的固定靶与反应靶的练习(图6-10)。

图 6-10

三、后旋踢与侧踢

(一)后旋踢

后旋踢是跆拳道比赛中的一种常用动作,同时也是运动员反击对方进攻的一项重要技术。

1. 技术分析

(1)右架站立,以左脚尖为轴,左脚跟外旋,身体的重心转移到左腿(图 6-11 之 a)。

(2)身体向右后方转动,右大腿同时提起向斜后方向 40°左右蹬伸,头部向右后方转动(图 6-11 之 bcd)。

(3)继续旋转身体,右腿借助旋转的力量,向后划一个半圆形的水平弧线,快速屈膝同时用脚掌击打对方的头部(图 6-11 之 e)。

图 6-11

(4)击打之后,身体的重心仍然在左腿上,右脚自然下落,然

第六章　跆拳道基本技术教学

后还原成右架的准备动作(图6-11之f)。

2.学练方法

(1)动作要领

①右腿不要抡圆了去划弧,而是在开始时有一个向斜后方向蹬伸的动作。

②在身体向右后方向转动时,同时还应该将右腿快速提起。

③头部在身体转动过程中应该配合进行同向的转动。

④小腿在开始时保持自然放松,在接触对方头部前再瞬间绷紧脚面,用脚掌成水平弧线进行鞭打。

⑤在动作熟练之后,转身与后蹬接摆动的动作应该是同时进行的。

⑥左脚应该积极配合髋部的转动,在完成整个动作之前,身体的重心一直落在左脚掌的前半部分。

⑦用后旋踢主要是攻击对方面部。

(2)易犯错误纠正

①右腿抡圆去划弧,开始时没有一个向斜后方向蹬伸的动作。

②身体向右后方向转动的时候,右腿提起的速度太慢。

③头部没有在身体转动的过程中配合同向转动。

④小腿部位在开始时没有保持放松。

⑤左脚没有配合髋部的转动。

⑥右脚鞭打对方头部后,身体没有继续进行旋转,右腿直接向斜下方落地,不能用脚掌成水平弧线进行鞭打,导致过早翻转身体而使身体的重心过于偏后。

(3)练习步骤

①支撑脚前脚掌着地转动,转身的同时向后蹬伸腿。

②右腿向后摆动。

③先进行身体原地转动360°的练习,右腿开始摆动时不要追求高度,熟练之后再慢慢升高摆动高度。

④进行完整的后旋踢动作练习。

⑤熟练之后可以进行左架的后旋踢练习。

⑥用脚靶练习后旋踢固定靶与反应靶(图6-12)。

图 6-12

(二)侧踢

侧踢主要用以阻挡对方的进攻,它并不是主要的得分动作。

1. 技术分析

(1)右架准备姿势站立,将身体的重心转移到左腿,同时以左脚前掌为轴脚跟内旋(图6-13之a)。

图 6-13

第六章　跆拳道基本技术教学

(2)右大腿直线提起,弯曲小腿的同时向左转髋,身体右侧侧对对方(图 6-13 之 bc)。

(3)膝盖方向朝内,勾脚面,展髋,走直线平蹬出右腿,用脚掌外侧攻击对方(图 6-13 之 d)。

(4)右腿自然落下,并撤回到原来的位置(图 6-13 之 e)。

2.学练方法

(1)动作要领
①侧踢大致等同于武术散手中的侧踹。
②也可以用前腿(左腿)直接侧踢对方。
③左脚应该配合向前移动。
④用侧踢主要攻击对方身体的两肋以及胸腹部。
(2)易犯错误纠正
①进行击打时,髋部没有充分展开,从而导致击打力度不够。
②大小腿折叠不到位,或者是蹬出的速度太慢。
(3)练习步骤
①先进行提腿转髋的练习。
②再进行平蹬腿的练习。
③进行侧踢的完整练习。
④进行前腿的侧踢练习。
⑤进行侧踢击头的动作练习。
⑥用护具或者沙袋进行侧踢的练习(图 6-14)。

图 6-14

四、双飞踢与鞭踢

（一）双飞踢

双飞踢在跆拳道比赛中比较常用，它同时也是运动员得分的主要技术。

1. 技术分析

（1）右架站立，身体的重心转移到左腿（图6-15之a）。

（2）右大腿提起用横踢（图6-15之b），之后在右脚未落下时马上提左腿使用横踢（图6-15之cde），即连续使用两个横踢。

图 6-15

（3）击打之后，两脚自然落下，然后还原成右架的准备动作。

2. 学练方法

（1）动作要领

①一般情况下，在中远距离是使用双飞踢的好时机，双飞踢

中的第一个横踢往往是为了找到合适的距离或者破坏对方的进攻,从而有助于第二个横踢。

②击打第一个横踢时,身体可以稍微向后倾,从而有助于进行第二个横踢。

③两腿交换之间,髋部应该进行快速的扭转。

④小腿弹出之后,在弹直的一瞬间,应该有一个制动的过程,从而使脚产生鞭打的效果。

⑤用双飞踢主要是攻击对方的胸腹部、面部以及身体的两肋。

(2)易犯错误纠正

①第一横踢没有完全做出,只是前踢了一下。

②两腿交换之间,髋部的扭转太慢。

③身体后仰过多。

(3)练习步骤

①熟悉左架横踢与右架横踢的技术动作。

②利用交叉脚靶对双飞踢动作进行完整的学习(图 6-16)。

图 6-16

③利用护具练习双飞踢,配合者应该原地进行快速换位。熟练双飞踢之后可以练习三飞踢(连续三个横踢,前两个横踢是赶

距离,主要还是第三个横踢击打得点)。

④熟练双飞踢之后还可以练习第二个横踢击打头部(高横踢)。

(二)鞭踢

鞭踢主要是用前腿进行击打,在跆拳道比赛中并不经常使用。

1.技术分析

(1)右架站立,身体的重心转移到左腿,以左脚前脚掌为轴脚跟内旋(图 6-17 之 a)。

(2)身体向左方转动,同时提起右大腿向前,头部向左方转动(图 6-17 之 b)。

(3)右腿膝盖朝左内扣,右小腿由外向内有一定弧度的摆动并伸小腿,身体也随之侧倾(图 6-17 之 cd)。

(4)突然屈膝,用脚掌向右横着鞭打对方的面部(图 6-17 之 e)。

(5)击打之后,右脚自然落下,还原成右架的准备动作(图 6-17 之 f)。

图 6-17

2.学练方法

(1)动作要领

①为了增加击打的力度,右腿应该先从外向内有一定弧度的摆动,之后再突然向右方鞭打。

②击打过程中,小腿与足尽可能横着鞭打。

③身体转动时,头部应该配合同向转动。

④在开始时,小腿要自然放松,在接触对方头部前再瞬时绷紧脚面,用脚掌击打。

⑤左脚要配合髋部的转动,同时调整好身体的重心。

⑥用鞭踢主要是击打对方的面部。

(2)易犯错误纠正

①右腿直着伸出而没有一定弧度的摆动。

②在开始时,小腿过于紧张,没有自然放松,小腿与脚掌没有横着鞭打。

③头部在身体转动时没有配合同向的转动。

(3)练习步骤

①开始练习时可手扶支撑物,体会向前蹬腿的感觉。

②练后用小腿鞭打。

③进行完整的鞭踢动作练习。

④可同时进行左架右架的练习。

⑤两人用脚靶配合练习,开始先固定靶,之后进行反应靶练习(图 6-18)。

图 6-18

五、前横踢与旋风踢

（一）前横踢

前横踢是跆拳道比赛中一种非常常用的动作，同时也是跆拳道运动员得分的主要技术。

1. 技术分析

（1）左架站立，左脚向前垫步，并将身体的重心转移到左腿上（图6-19之a）。

（2）右腿提起并向前送髋，大小腿稍微折叠（图6-19之b）。

（3）绷紧脚面，右膝向内并快速弹出小腿（图6-19之c）。

（4）右腿自然落下，两脚同时向后撤一步，之后还原成左架的准备动作。

图 6-19

2. 学练方法

（1）动作要领

①前横踢与横踢类似，由于使用前腿进行击打，距离对方比较近，动作比较隐蔽，因此对方不容易察觉。其缺点是击打力度相对较小。

②后脚要积极配合向前移动。

第六章　跆拳道基本技术教学

③左腿的小腿应该快速弹出,尽可能增加鞭打的力量。

④在击打的同时,膝盖的方向朝向对方的腹部。

⑤小腿弹出后,在弹直的一瞬间,应该有一个制动的过程,从而使脚达到鞭打的效果。

⑥用前横踢主要攻击对方的胸腹部、面部以及身体的两肋。

(2)易犯错误纠正

①小腿不要直接伸直接触对方,这样会导致击打力度不足。

②垫步的动作幅度不要过大,应该增加动作的隐蔽性。

③髋部没有前送,从而导致腿的长度没有充分利用。

(3)练习步骤

①侧平举起右腿,大小腿折叠,只进行弹出小腿的练习。

②进行垫步的练习。

③完整进行前横踢的练习。

④右架动作熟悉之后进行左架动作的练习。

⑤熟悉之后进行前横踢击头的练习(图6-20)。

图 6-20

⑥练习前横踢击腹后右腿不落地而直接使用前横踢击打对方面部。

⑦用脚靶进行固定靶与反应靶的练习(图 6-21)。
⑧同伴穿护具练习反应护具。

图 6-21

(二)旋风踢

旋风踢也称为"后转体横踢",这是跆拳道比赛中常用的动作之一。

1. 技术分析

(1)甲乙双方闭式站立,甲右架站立,以左前脚掌为轴脚后跟外旋,身体的重心转移到左腿(图 6-22 之 a)。

(2)身体右后转约 360°,右腿同时随着向后进行转动(图 6-22 之 b)。

(3)身体稍微向后仰,右腿下落的同时左脚蹬地使用左腿横踢技术(图 6-22 之 cd)。

(4)击打之后,两脚自然落下成右架动作。

2. 学练方法

(1)动作要领
①旋风踢主要是在中远距离情况下使用。

第六章 跆拳道基本技术教学

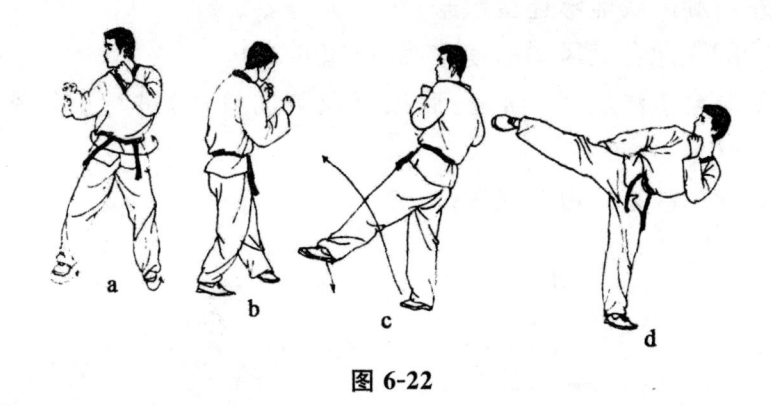

图 6-22

②提起右腿向后转动时,右腿围绕着左腿转动,两大腿内侧之间的距离不要太大。

③要保持身体的重心,身体的躯干应该稍微向后倾。

④击打时左脚脚面应该稍微绷直,同时保持踝关节的放松。

⑤左小腿弹出之后,在弹直的一瞬间,应该有一个制动的过程,从而使脚产生鞭打的效果。

⑥左脚要配合身体的转动,以左脚前掌为轴进行转动。

⑦用横踢主要攻击对方胸腹部、面部以及身体的两肋。

(2)易犯错误纠正

①身体的躯干没有稍后倾,上体前压,从而导致腿的长度没有被充分利用。

②左腿大小腿折叠不到位,击打的力度不到,小腿弹出之后,在弹直的一瞬间,没有一个制动的过程。

③左脚击打时脚面没有绷直。

④左脚没有配合身体的转动。

(3)练习步骤

①先练横踢,熟练之后再进行旋风踢的练习。

②进行原地转身的练习,右腿应该主动配合转动。

③完整练习旋风踢。

④右架旋风踢熟练之后再进行左架旋风踢的练习。

⑤左右架交替进行练习,两个动作之间应该向前上一步,从

而使左右旋风踢能够连接起来。

⑥脚靶配合旋风踢的动作练习(图 6-23)。

⑦结合步法移动(前进、后撤以及侧向移动)进行旋风踢的练习。

⑧使用沙袋练习旋风踢。

图 6-23

六、拳进攻

拳进攻是跆拳道比赛中比较常用的一种技术动作。拳进攻比较难得点,因此并不是运动员得分的主要技术,它主要是用来进行防守以及配合腿的进攻。

运动员右架站立,左手拳就是前手拳,右手拳就是后手拳。

(一)技术分析

(1)右架站立,右脚向后蹬地,身体的腰部和上体快速有力地向左前方扭转,从而增加出拳的速度与力量(图 6-24)。

(2)在右脚蹬地的同时,右臂迅速向前伸,肘关节抬起,前臂内旋,拳心向下方转动,使拳面、前臂、肘关节与肩成一条直线并处在一个水平面上(图 6-25)。

(3)同时身体重心移至左腿上,用拳击打对方胸腹部。

(4)在击中目标后,有一个制动的过程,然后手臂迅速放松,并借左腿的支撑力量将手臂收回,恢复成右架准备姿势。

第六章　跆拳道基本技术教学

图 6-24　　　　　　　　　图 6-25

(二)学练方法

1.动作要领

(1)用拳击打中对方护具的一瞬间,腕关节要保持紧张,将拳握紧的同时憋气,从而增加出拳的力量。

(2)拳进攻主要是在双方距离比较近的情况下使用,击打时应该准备立即起腿进攻或者反击。

(3)也可用前手拳进行击打,这样通常是为了在距离比较近的情况下,出拳击打后使两人之间的距离拉大,并抓住时机使用腿攻技术,如使用劈腿或者横踢等。

2.易犯错误纠正

(1)拳击打时腕关节过于放松。

(2)出拳时没有同时用力蹬腿以及快速转腰,导致出拳的力量不足。

第二节　跆拳道防守技术分析及学练方法

在跆拳道的技术体系当中,防守技术不可或缺,从得分与不失分的角度来讲,它与进攻技术同等重要。在跆拳道的比赛实战中,如果得分多而失分更多,最终还是会输;而如果在得分的同时又有效地防守住对方的进攻并能抓住时机进行反击,最终获胜的把握就会更大。因此在学习跆拳道技术时,应该把防守技术作为一项重要的内容来学习把握。

跆拳道主要的防守方法有三种:一是通过采用闪躲、贴近等方法,配合合理的脚步移动,有效阻止对方的进攻;二是通过手臂的格挡阻截对方的进攻;三是以攻对攻,用进攻的方式来应对对方的进攻。

一、利用闪躲、贴近等方法进行防守

闪躲指的是面对对方进攻时,通过进行脚步的移动向左右两侧或者向后进行闪躲,从而阻止对方的进攻。而贴近指的是当对方进攻时快速上步与对方靠贴在一起,导致对方由于距离过近而无法进行有效的进攻。例如,当乙方采取后腿劈腿的技术向甲方发起进攻时,甲方向左侧或者右侧移动自己的身体,以此来躲避乙方的劈腿进攻;再如,当乙方采取前横踢的进攻方式时,甲方可以迅速后撤一步或者是马上上前一步,贴近乙方使其不能以规则所允许的踝关节以下身体部位击打而得分。

在跆拳道的比赛中,采取向后撤的方法通常是在比赛双方都没有开始进攻时,由于这时双方之间的距离相对比较远,采取后撤的方式就很容易组织对对方所发起的进攻,在后撤的同时还可以用横踢、后踢、后旋踢或者劈腿的方式进行反击;采用向两侧移动的方法主要是在成功阻止对方进攻的同时,让自己位于合适的位置上进行快速有效的反击而得分;采取贴近的方法主要是在双方距离相对较近时,特别是在第一次击打之后,一方试图以距离近、对方需要进行身体重心的调整而迅速起腿进攻得分,而另一方则应该即刻上步贴近对方。

二、利用格挡的方法进行防守

根据防守方向的不同,格挡的方法可以分为向上、向(左右)

第六章 跆拳道基本技术教学

斜下、向(左右)斜上防守三种。通常而言,跆拳道运动员采取格挡方法的主要原因包括:一是对方的进攻速度相对较快,自己来不及进行闪躲或者贴近而下意识地采取格挡防守;二是自己对对方所要采取的技术已经有所预判,从而采取有针对性的格挡来进行有效反击,将格挡转化成攻防的连接技术来争取比赛的得分。

需要注意的是,防守者最好不要将手臂贴放于自己身上的得分部位上。这样虽然可以一定程度上减轻对方的击打力度与进攻的效果,但是存在不良的后果,主要表现在:如果对方的击打力量很大,自己就没有缓冲的余地,这样就很容易导致自己的手臂或者身体内部的受伤,同时也不利于进行迅速的反击。

(一)向上格挡

1. 技术分析

右架准备姿势。左手握拳从下至上,以左前臂上架格挡(图6-26),或是右手握拳,以右前臂上架格挡,此时手臂上架的同时肘部向内侧移动,也就是应该有一个向上并向外横拨的动作。一般情况下,运动者右架站立时,采用左前臂进行格挡,这样有助于进行后腿(右腿)进攻,进攻的动作包括横踢、劈腿等;如果运动员采用右前臂进行格挡,就有助于前腿(左腿)的进攻,进攻动作包括前横踢、侧踢以及劈腿等。

图 6-26

2.学练方法

(1)动作要领

①抬臂动作应该迅速,前臂弯曲上架,头部尽可能向后仰,不要与上架的手臂处于同一个垂直面上,从而在对方下劈力量太大而自己的前臂不能进行有效的格挡时,面部不至于被对方击中。

②如果只是单纯的上架,对方就会借力保持身体重心的同时迅速收腿来衔接下一个动作,这样会使自己处于不利。正确的方法应该是,向上格挡时手臂要有一个向上并向外横拨的动作,让对方借不到力从而不能够迅速调整好身体的重心。

③快速向上格挡的同时就开始准备反击动作,应该抢在对手之前调整好自己身体的重心或者连接下一个动作之前进行反击。

(2)易犯错误纠正

①向上格挡的同时没有向外横拨。

②只单纯上架而没有进行立即反击。

③上架时,手臂与头部处于同一个垂直面上,如果对方的下劈力量太大,自己的面部就会被对方击中。

(二)向(左右)斜上格挡

1.技术分析

右架准备姿势。左手握拳从下到上,用左前臂向左斜上方进行格挡,或者是右手握拳,用右前臂向右斜上方格挡(图 6-27)。通常来讲,运动者用左前臂进行格挡有助于后腿(右腿)进攻,进攻动作包括横踢击腹或者击头、劈腿等;如果运动员用右前臂进行格挡就有助于前腿(左腿)的进攻,进攻动作包括前横踢、横踢、侧踢以及劈腿等。

2.学练方法

(1)动作要领

①向左(右)斜上格挡时,动作应该短促而有力,格挡幅度不

第六章 跆拳道基本技术教学

要太大,格挡之后手臂不要附带一个向外撩的动作。

图 6-27

②在左(右)前臂格挡的同时,身体(尤其是头部)要有一个向格挡的反方向或者向后移动的动作,与对方攻来的腿保持一定的距离,即格挡的前臂不要与头部处于同一平面上,否则如果对方腿击打力量比较大,很容易导致自己的手臂与头部一起被击打。

③向左(右)斜上格挡时,同时也是自己进行反击动作的最佳时机。

④格挡对方的部位是其腿的胫骨以下的部位。

⑤在向(左右)斜下格挡的同时,应该防止对方借力使用侧踢的阻击动作。

(2)易犯错误纠正

①向左(右)斜上格挡时,格挡幅度过大,格挡后手臂还有一个向外撩的动作,这样会使对方有时间进行身体重心的调整。

②在左(右)前臂格挡的同时,身体或者头部没有向格挡的反方向移动,或者头部没有向后移动,在对方腿击打的力量较大时会连同手臂、头部一起被击打。

③向左(右)斜上格挡时,如果自己没有快速做出反击动作就会错过得点时机。

(三)向(左右)斜下格挡

1.技术分析

右架准备姿势。左手握拳从上至下,以左前臂向左斜下方格挡，或者是右手握拳，以右前臂向右斜下方格挡（图6-28）。通常来讲，运动者用左前臂进行格挡有助于后腿（右腿）的进攻，进攻动作可以采取横踢击腹或击头、劈腿等；如果运动者采取右前臂格挡的方式，则有助于前腿（左腿）的进攻，进攻动作包括前横踢、横踢、侧踢以及劈腿等。

图6-28

2.学练方法

（1）动作要领

①向左（右）斜下格挡时，动作应该有力而短促，格挡幅度不要太大，手臂在格挡之后不要再有一个向外撩的动作。

②在左（右）前臂格挡的同时，身体要有一个向格挡的反方向移动的动作，与对方踢过来的腿应该保持一定的距离，避免当对方腿击打的力量较大时自己的手臂、护具一起被击打。

③向左（右）斜下格挡的同时也是自己迅速做出反击动作的最佳时机。

④格挡对方的部位是其腿的胫骨以下的部位。

⑤在向（左右）斜下格挡的同时，应该防止对方借力使用高前横踢击头动作。

（2）易犯错误纠正

①向左（右）斜下格挡时，格挡幅度不要太大，手臂在格挡之后还有一个向外撩的动作，这样使对方有时间进行身体重心的调整。

②在左（右）前臂格挡的同时，身体没有向格挡的反方向移

动,在对方腿击打的力量较大时,连同手臂、护具一起被击打。

③向左(右)斜下格挡时,自己没有及时做出相应的反击动作,从而错过了得点的最佳时机。

三、利用进攻的方法进行防守

在进攻者进攻的同时,防守者同样使用进攻的动作,也就是通常所说的"以攻代守"。在当前的跆拳道比赛实践中,这种防守方法应用非常广泛,其主要原因在于:进攻者的身体重心在其进攻时会发生移动,也就必然会有一个调整身体重心的过程从而陷入场上的被动,防守者在此时进攻往往可以抓住其漏洞而得分。这时,防守者所采取的后发制人的动作与平时所运用的进攻动作会存在一定的差异。例如,双方闭式站位,对方采取横踢的方式进攻,而自己采取横踢的方式进行反击,由于对方比自己先启动,因此想要取得场上的主动实现有效的攻击,就应该在向后撤的同时做出横踢的技术动作。又如,当对方采取劈腿进攻时,自己采取相应的后踢或者横踢的进攻,这样可以有效地击打对方但是自己的头部也很容易被对方攻击;这时候如果自己快速起腿而使用劈腿就是一种非常保险的防守方式,即便是没有劈中对方也能够有效阻止对方的进攻。

第七章 跆拳道基本战术教学

战术是技术的表现形式,也是各种技术的组合形式。在跆拳道运动中,熟练掌握跆拳道各种技术之后,必须将这些技术在比赛中按照一定的形式组合起来,形成有效的进攻和防守战术,以在比赛中获得主动,克敌制胜。本章就跆拳道基本战术教学进行研究。

第一节 跆拳道战术的基本形式

一、技术战术

技术战术是指在没有虚晃或假动作的掩护下,直接使用动作方法进攻对方。它要求运动员具备技战术全面的特点,并能娴熟灵活地运用自如,使用特长技术,直接进攻,不给对手喘息的机会。

在跆拳道比赛中,技术战术的应用主要适用于以下几种情况。

(1)当对方的速度没有自己快,可抓住时机运用该战术。
(2)当对方的攻防动作掌握不熟练,不能灵活运用时。
(3)当对方在比赛一段时间后体力下降,运动能力不足时。
(4)当对方出现注意力不集中,或防守出现空隙时。
(5)当对方的距离在自身能够有效进行进攻时。

第七章 跆拳道基本战术教学

比赛中,如果运动员在被动防守的情况下使用技术战术,应一边进行退后防守,一边等待时机,创造条件。为了保证特长战术的实施,使用这一战术时,注意动作要迅速,同时应合理安排相应的防守与反攻策略,避免急功近利、受制于对方。

二、强攻战术

强攻战术是指在跆拳道比赛的开始阶段,当对方精神还没有高度集中,还没有做好充分准备时,就发起猛烈的、连续的进攻压迫对方,有效扰乱和破坏对方的战术准备,使得对方忙于防守而疲于应对出现失误和漏洞,趁机击败对手。

强攻战术是一种先发制人的战术,它对于心理素质较差的对手具有不可忽视的威慑作用,能够在短时间内取得场上的主动权,使得对方在开始就处于被动局面。如果对方的技术较好,并且体力较差,在采用该战术时,可使得对方没有休息和缓和的机会,从而使得对手一直处于被动的局面。若对方经验不足,采用该战术可使对方没有机会思考应对策略而一直处于被动状态。

具体来说,强攻战术的运用适用于以下几种情况。

(1)自身的技术不如对方,但是身体素质相对较好,尤其是力量、速度和耐力等方面较好。

(2)自身的身体素质较好,并且技术也较为全面,但是经验相对不足时,也可采用该战术。

(3)在比赛过程中,发现对方的近战能力比较差时可采用该战术。

(4)对方的耐力比较差时,也可采用该战术。

(5)如果对方心理素质不高,则也可采用该战术。

跆拳道比赛中,如果对手的经验较丰富,采用强攻战术时容易暴露出自身的破绽,被对手抓住机会反攻,或采用以逸待劳的方法来应付,给对方以进攻的机会,因此,该战术的运用要慎重,争取做到速战速决。

三、假动作战术

假动作战术是指有目的地造成对方的错觉,把对手引入歧途,然后再实现真实进攻对手的一种战术方法。现代跆拳道比赛中,随着运动员的技术水平的不断提高,并且身体素质也随着体能训练的发展而得到了显著的提高,在这样的运动发展背景下,直接的进攻很容易被对方防守住,并借此展开相应的反击。因此,为了在比赛中占据主动,就需要采用相应的假动作引诱对方进攻,有意露出"破绽",来使得对方上当,给对方造成进攻的假象,在对方采取相应的动作进行应对时,我方抓住机会进行进攻。例如,当使用后旋踢攻击对方头部时,可先用横踢假进攻,然后立即后撤,待对方追击时我方则使用后旋踢动作。

假动作战术是跆拳道比赛中最为基本的一种战术。在运动过程中,通过假动作与真动作的结合,能够起到出其不意的进攻效果。该战术旨在通过假动作来转移和分散对方的注意力,使其对假动作有所反应,我方则利用其反应动作,找出其防守的弱点和不足,然后展开进攻。

跆拳道比赛中,假动作战术的实施可以通过以下三种形式来实现。

(1)身体假动作:利用身体动作引诱和迷惑对方,如引诱对方进攻身体暴露部分,然后采用预先设计好的动作迅速反击。

(2)步法假动作:利用步法移动调动对手,分散对手注意力,如使用后撤步引诱对方向前,自己则迅速后踢迎击对手。

(3)表情假动作:利用眼神或表情误导对手,如视左击右,视上击下,或抚摸身体某一部分假装受伤引诱对方攻击,然后采取相应措施迅速反击。

一般来说,跆拳道比赛中,当对手的身体素质相对较好,但是技术不太全面,并且进攻技战术变化较少时,则可针对对手的弱点采用该战术。特别需要注意的是,假动作战术的运用,一定要做到快速出击,攻其不备,在对方反应前下手。

四、防守躲闪和反击战术

反击战术是在对手进攻中,进行躲闪防守后及防守中予以反击的战术形式。该战术在跆拳道比赛中的运用主要适用于以下几种情况。

(1)当对方的正面进攻猛烈时,采用移动躲闪避其锋芒,并伺机为反击创造机会。

(2)当对方将全部注意力集中在进攻上,则其防守可能会出现相应的漏洞,因此在对方进攻时,可在防守时进行反击。

(3)当对方身高腿长占优势,在其使用横踢时,我方的反击动作很难有效,则可向前与对方贴在一起打近身战。在移动时,应注意抓住对方的防守反击的时机,步法应灵活多变。

(4)当对手性情急躁、喜欢猛攻,并且缺乏比赛经验时,则可以逸待劳,掩盖自身反击意图,刺激对方进攻,抓住时机一招制敌。

五、克制对方长处的战术

任何竞技比赛的运动员都有特长技术,跆拳道比赛也不例外,在比赛前注意了解和观察对手的特长技术,提前做好应对,并在比赛中注意对对手特长技战术运用的限制。

跆拳道比赛中,克制对方长处的战术运用,应注意以下几点。

(1)如果对手善于进行贴身战,则应注意拉开与对方之间距离,并采用侧踢蹬击等技术。

(2)如果对手善于远距离进攻,应做好闪躲,伺机逼近对方,使对方擅长技能无法发挥。

(3)如果对手擅长主动进攻,可在比赛开始阶段采用先发制人的战术,迫使对方防守。

(4)如果对手擅长防守反击,可在对抗中引诱对方主动进攻,然后伺机反击。

六、攻击对方短处的战术

攻击对方短处的战术,又称击弱战术,即集中力量专门针对对手的技战术弱点或身体薄弱环节进行重点进攻的战术。

跆拳道击弱战术的运用应注意以下两点。

(1)在比赛中进行观察是实施击弱战术的重点之一,在比赛中,要注意对对手进行观察并准确判断其弱点。

(2)比赛中,要善于利用自己的特长和优势来隐藏自己的弱点,避免被对手发现,同时,注意不断变换方法隐藏自身弱点。

七、边线进攻和防守战术

边线进攻和防守战术是利用跆拳道竞赛规则的要求,逼迫对手出界的战术方法。该战术包括两个方面的内容。具体分析如下。

(1)利用跆拳道规则,将对手逼打出边界线,使对方受到警告扣分。

(2)利用对手害怕出界的心理,主动进攻,有目的地将对方逼迫到边线,造成对方的心理恐慌和担心被罚而导致动作失调,或是多次将对方逼迫出界。

八、KO 战术

KO 战术是指在规则允许的范围内,使用合理的技术动作和较大的力量击打对手,令其丧失继续比赛能力的战术行动。它能使对手在身体上、心理上产生巨大的威慑力,也能给对手身体予以重创而使之产生畏惧,从心理上丧失比赛信心。

在跆拳道比赛中,KO 战术的击打部位大致分为两个部分。

第七章　跆拳道基本战术教学

（一）头部

头部是KO战术的主要击打部位，这主要是因为击打头部的攻击路线长且有一定高度，需要快捷的击打速度来减少动作的运行时间；在防守上，头部目标小，灵活而移动迅速，不易捕捉，击头的机率较小，在比赛中一旦抓住这种时机，就要毫不犹豫地果断击打，并且要准确到位，一击成功（攻击路线长，收回或转换动作的路线必然也长，击打落空的后果不难想象）。

（二）身体躯干

跆拳道比赛中，击打身体躯干也同样可以取得KO效果，只是需要更大的击打力量。所以，加强击打的速度、力量及准确性是KO战术的关键所在。

跆拳道运动中KO战术的实施，要求运动员具有较高的身体体能水平和全面的技战术能力，不但是击打力量要大，而且击打要快速、准确、果断。

九、体力战术

这是通过合理的分配体力以取得比赛胜利的战术方法。一场跆拳道比赛共赛3局，每局3分钟，运动员体力消耗较大。

跆拳道运动员采用体力战术，合理分配体力非常重要，具体要结合对手的特点合理分配每一局的体力。具体如下。

(1)如果对手技术较弱，可保持体力以技术取胜。
(2)如果对手技术较强，可消耗对手体力取胜。
(3)如果双方实力相当，可考虑有可能打持久战。
(4)如果对手耐力较差，应连续进攻，消耗对手体力，使对手疲于应战。

十、心理战术

心理战术是通过某些手段给对手造成心理方面压力的一种

战术方法,它能够在一定程度上破坏对手的心理平衡,从而在比赛中占据主动,并赢得比赛的胜利。

跆拳道比赛中,心理战术有很多种,常见的有如下几种。

(1)在比赛之前隐瞒自身的实力,麻痹对方。

(2)在比赛中发动猛攻,对对手施加心理压力。

(3)在比赛中故意漏出虚假破绽,引诱对方上当。

(4)在比赛中采取一些方法激怒对方,使对手造成失误。

十一、语言战术

在不触犯跆拳道比赛规则的前提下,运动员和教练员达成默契的配合,用语言引诱对方上当受骗。例如,教练大声指导队员"多运用前腿横踢进攻",故意让对方听到,比赛时用几次前腿横踢引诱对手深入,待对方注意力转移时,突然以下劈踢攻击对方的头部重击对方。

十二、突袭战术

突袭战术是针对对方自然产生的习惯动作,采用针对性强的方法进攻对方的战术方法。在跆拳道比赛中,突袭战术的使用主要适用于以下几种情况。

(1)比赛开始,主裁"开始"口令刚落,迅速使用进攻动作突然发动进攻,攻其不备。

(2)在一个回合进攻中主裁并没有喊"暂停",双方运动员均停止了进攻自然分开时,抓住机会出其不意突袭对手。

十三、二次进攻

二次进攻,也称第二回合,具体是指跆拳道运动员在第一回合后实施的第二次进攻。

根据跆拳道规则,跆拳道比赛中,第一回合是指一方运动员从准备姿势开始实施进攻或双方运动员同时进攻的阶段。如甲方使用横踢进攻乙方,乙方后撤一步躲闪,这一阶段为第一回合;如果乙方后撤一步后再立即使用劈腿反击甲方,则属于第二回合。

在跆拳道第二回合开始时,双方都需要快速调整重心,另外又由于双方的距离比较近,任何一方的快于对方的起腿击打都有可能形成有效击打而得点。

跆拳道比赛中合理利用第二回合的进攻可起到和突袭战术一样的效果,攻其不备。战术运用应注意以下几点。

(1)直接进攻速度快于对手;身高腿长占优势。

(2)利用步法的移动运用战术击打第一点,以免被对手反击。

(3)掌握具体的第二次进攻的手段和方法,根据发挥自身特点和优势的原则来选择第二次进攻的技术动作。

第二节　跆拳道战术训练的方法

一、跆拳道战术训练概述

(一)跆拳道战术训练的任务

1.丰富战术知识

跆拳道战术训练丰富战术知识的任务,就是通过理论学习和实践运用,使运动员尽可能地认识、理解和掌握跆拳道运动的战术规律、战术运用原则、各种战术形式的作用、战术运用的条件、战术行动方案等。

战术知识是运动员掌握战术和提高战术能力的基础,它包含着战术理论和战术经验两个方面的内容。

(1)战术理论是一切与跆拳道战术相关的各种理论知识。

(2)战术经验是跆拳道运动员战术理论与方法通过在比赛中运用所获得的体验。

跆拳道运动员战术知识的丰富既需要运动员努力学习战术理论知识,也需要运动员依靠战术实践积累经验,从实践中获得感性知识并上升到理论知识,丰富理论知识体系。战术理论和战术经验二者应相互促进,共同提高。

2. 培养战术意识

培养运动员的战术意识就是要提高运动员在复杂的环境中,根据实际情况来合理、有效实施战术的自觉性。培养战术意识是战术训练的中心环节。比赛实战中的战术运用要依靠赛前对对手情况的真实了解来制订相应的战术方案,依靠教练员的临场决策指挥,更为重要的是在瞬息万变的情况下,需要依靠运动员的独立作战能力、战术思维能力和战术应变能力等一切与战术意识紧密相关的因素。突出表现在战术行动中的自觉性、预见性;判断的准确性、动作的目的性、攻防的主动性、方法的隐蔽性、战术的灵活性等诸方面。

正如前面所提到的,良好的战术意识是跆拳道运动员战术实施的核心和灵活,只有具备良好的战术意识,运动员才能够在比赛中自觉、主动、有预见性地使用各种战术,掌握攻防的主动性,并能够灵活运用各种战术。运动员在学习战术知识的过程中,需要对战术的相关内容进行认真的思考和分析。

跆拳道运动员的战术意识需要一个长期的过程,在平时训练时,应注重结合战术知识进行传授,并对战术进行比较分析,通过各种途径(如比赛、观摩、录像、实战训练等)使运动员主动学会比较、分析、综合、判断各种繁杂的比赛情势和不同类型、不同技战术风格对手的特点,因势利导,促进战术意识水平的提高,厚积而薄发,在比赛中抓住时机,迅速、果断、大胆地使用战术动作。

第七章　跆拳道基本战术教学

3.熟练战术行动

战术行动是运动员为实施战术方案而采取的各种具体的行为方式与方法。战术知识和战术意识的培养最终就是要落到战术行动上，在训练过程中，应培养运动员熟练地掌握和运用各种战术形式。战术形式的运用和技法动作运用的原理相似，运动员对战术形式必须熟练掌握并达到自动化，这样才能够在比赛中熟练运用各种战术。

运动员必须在全面熟练掌握各种战术形式的基础上，将各种战术融会贯通，能结合比赛实际灵活运用各种战术方法。

(二)跆拳道战术训练的要求

1.系统性与实战性相结合

从系统理论来认识跆拳道战术，跆拳道战术系统由多个子系统组成，不同的战术系统具有不同的特点和功能。例如，从进攻和防守的角度可以把跆拳道的战术系统分为进攻战术系统和防守反击战术系统，系统性原则的基本精神是必须按照战术训练内容的逻辑体系进行完整系统的训练，把各个环节的战术有机地串联在一起，从而突出重点，运用现代的、科学的训练方法促进运动员战术训练及提高。

2.注意运动员战术意识的培养

战术意识对于运动员战术实施具有重要的影响作用，跆拳道比赛过程中，运动员对战术的制定靠赛前对对方的了解，以便于教练员和运动员在一起制定合理的战术打法。但赛场上瞬间万变，这就要求在平时的训练中，运动员必须有独立的判断能力、战术思维及应变能力，只有不断提高战术意识，才能制订出符合比赛的利于自己、同时限制对方的战术方案。

3.基本战术与多种战术协调发展

跆拳道战术行动中使用的具体战术动作和打法，都是与双方在对距离、时间、空间的瞬间观察判断紧密相联的,战术行动可能是预先想好的,可能是临时决定,也可能是二者的结合。跆拳道比赛有着复杂的攻防反击过程,开始的行动是预先想好的,但在使用过程中情况发生了变化,就应随机应变而临时改变决定改用其他战术形式,以适应临场情势变化。因此,只有储备大量不同类型的战术形式和具备快速灵活的反应能力,才能在瞬息万变的比赛中抓住时机,果断予以攻击而取胜。

在跆拳道战术训练中,基本战术与多种战术的协调发展应做到以下几点。

(1)在跆拳道战术训练实践中,要熟练掌握基本战术,保证运动员在比赛中根据已掌握的战术动作,随着比赛临场情势的变化发展而能灵活运用。

(2)在掌握基本战术的基础上根据自己的特点,选择几种适合自己的战术进行反复练习。做到各种战术之间运用灵活,建立和形成对待不同类型、不同技战术风格特点对手的战术形式与方案,以能应付各种战局的需要。

(3)全面理解与掌握各种战术形式,并能充分认识各种不同战术形式及其相互之间的衔接关系,重点掌握一些常用的和具有自己独特特点的战术形式,得心应手,运用自如,并且能在繁杂多变的比赛中将各种战术形式融会贯通。

4.注重提高战术训练的质量

在战术训练过程中,不仅要求运动员全面掌握各种战术形式的具体使用方法,同时还应注重战术质量的提高,要严格按照比赛实战的要求去训练。

具体来说,跆拳道运动员在战术训练过程中,应注意以下几点。

(1)重视高质量完成战术训练。要严格按实战中的要求去练习。战术动作的时机、力量、判断、反应、距离、方向和角度等都要以较高质量来完成。

第七章 跆拳道基本战术教学

（2）战术训练要模仿实战气氛，对战术动作运用的时机及其判断、反应，都应在模拟真实比赛实战的环境中去体验、甄别，只有通过实践检验的战术动作形式，才能使其目的更明确，更具针对性，充分体现出战术行动的实效性。

（3）战术训练要符合运动员特点。进行战术训练时要根据运动员的实际情况区别对待，结合每一名运动员的特点来制定与之相适合的战术打法。

5.重视先进战术学习和战术创新

事物总是不断向前发展的，竞技比赛的战术也是一样，要善于捕捉较先进、较前卫的战术战例进行研究，大胆创新，并运用于实战比赛。跆拳道运动员战术的训练和提高要善于在把握跆拳道运动特点、规律、发展趋势的基础上，合理进行战术创新，以提高对战术的应用能力。

6.战术训练要与其他训练相结合

战术训练要同其他训练相结合，使一切与跆拳道运动相关的素质、能力得到全面协调的发展。战术训练的好坏，与身体训练、技术训练、心智训练等有着密切的关系。跆拳道运动训练内容的各个部分之间是相互影响、相互联系、相互转化、相互制约、相互促进的，共同反映在运动员的身上。有了一定的技术才能提高战术，如果基本的技术还没有掌握，战术训练也只是一句空话。战术训练与身体训练、心理训练、技术训练是分不开的。因此，战术训练要与技术训练、心理训练、身体训练协调进行，只有这样，才能全面提高运动员的综合实力和整体水平。

二、跆拳道战术训练的具体方法

（一）理论讲授法

理论讲授法是跆拳道战术学习与训练提高的重要方法，在跆拳道战术学习过程中,运动员要想使用相应的跆拳道战术必须对该战术有一定的了解,对实战具有感性的认识,在此基础上才能够正确的运用。

通过语言进行理论方面的讲授,能够使运动者对跆拳道战术的概念、特点、作用和表现形式等具有良好的认识,能为运动员的战术实施提供必要的理论指导。

(二)战术分解法

战术分解法是对完整的战术形式进行的分解练习,它按照一定的先后次序对其各组成部分进行分别练习,从而达到快速、准确掌握相应的战术目的。

跆拳道战术内容丰富,一种战术一般由几个动作组成,可以先将这几个动作分解逐一练习,最后再完整练习。跆拳道战术分解法适用于由多种技法动作组成的战术。例如,在练习佯攻战术时,可通过先练习调动法,在初步掌握之后,再与相应的技术进行连接,从而最终掌握完整的战术形式。以声东击西为例:第一步先练前腿横踢佯攻左侧,练习时要求出腿速度快,佯攻动作要逼真,引起对方的注意;第二步练习后腿横踢进攻右侧,要求后腿横踢起动要突然、果断、有力;第三步将整个动作完整练习。

(三)假设性训练

假设性训练是指利用丰富的想象来设计对手不同的技战术打法,自己则运用相应的打法的练习形式。具体来说,运动员可以设想比赛实战中的各种情势进行想象空击,也可以面对沙袋、假人等目标进行假动作和闪躲进退的反击练习。这种想练结合的练习方法,主要目的是培养运动员战术意识和掌握各种战术方法。

假设性训练要求运动员精神高度集中,有一种身临其境,面对对手的实战态势,通过设想对手采用的各种打法,来确定自己的技战术行动(主动进攻或防守反击)。

第七章　跆拳道基本战术教学

假设性训练中,可以是一个战术动作的反复练习,也可以是多种战术动作形式的变化练习;可以是单个动作练习,也可以是组合动作练习,无论哪种练习形式,都应根据比赛实战的需要和自身的战术能力水平而定。

(四)再现训练

再现训练是指通过观看比赛录像,选择典型战例,再现其战术特点和运用方法并对其进行综合分析及判断的训练方法。

再现实战实例,通过对战术分析和演示提高运动员战术运用能力,应注意以下几点。

(1)借助声像再现,直观地去分析、研究自己或他人的战术特点、运用方法及战术不足,培养运动员的综合分析与判断能力,提高运动员的战术能力与质量。

(2)战例选择应是多方面、多层次的,既要选择成功的战例,又要选择失败的战例。

(五)配合训练

配合训练是指由教练员或队友配合,一方按规定的攻击动作进攻,另一方采取相应的战术动作反击重复练习的训练形式。训练中,应注意以下几点。

(1)训练应由易到难、由简到繁、由慢到快,循序渐进,从相对静态的原地练习,逐步过渡到移动中灵活实施战术动作。

(2)训练由固定、单一的进攻到一种进攻多种打法的变化,有序提高训练难度,以提高运动员各种战术动作的熟练运用能力。

(六)模拟训练

模拟训练是指由教练员或队友根据不同对手的情况进行模仿而采取的具有针对性的专门训练方法。

1.对手模拟

跆拳道战术模仿训练,对模仿对象有一定的要求,在模拟训练中要求模仿者动作逼真,尽可能地演示出比赛实战的真实情况,以提高运动员在比赛中战术动作的适应能力、运用能力和应变能力。常见的对手特点模拟具体如下。

(1)模仿主动进攻型对手以提高运动员的防守反击能力。

(2)模仿防守反击型对手以提高运动员的突破能力和调动能力。

(3)模仿力量型对手以提高运动员的抗击打能力。

(4)模仿善踢高腿的对手以加强运动员对头部的防范意识。

(5)模仿步法灵活的对手以促进运动员灵敏协调能力的发展和提高运动员在移动中的突袭能力。

2.比赛环境模拟

不同的比赛环境如气氛、灯光、场地条件、器材、观众的情绪及喝彩声等都会引起比赛双方在心理上的变化,进而扰乱双方的心智,影响技战术水平的正常发挥。对比赛环境的模拟,计划地变换训练场景,营造不同的实战氛围,有助于提高运动员的战术应变能力,提高运动员在不同比赛环境中沉着应对比赛、稳定比赛心理的能力。

(七)条件实战

实战比赛是训练和检验运动员战术运用效果和能力的重要途径,实战是在训练中与同伴配对,两个人都穿好护具,包括穿好护臂、护腿、护裆、护头等,按照跆拳道竞赛规则进行练习,提高自己的实用战术水平。条件实战是指根据战术训练的需要,在规定使用的技术、战术动作范围内进行对抗战术训练的方法。

就跆拳道战术训练来讲,条件实战虽有实战的因素,但其目的不在胜负,无论其训练内容如何界定与限制,主要是训练和培养运动员的战术意识和战术运用能力。

跆拳道常用条件实战练习方法具体如下。

第七章　跆拳道基本战术教学

1. 男女配对实战

训练目的:主要是提高女运动员的技战术水平。

训练方法:两人实战,男运动员可以适当配合,女运动员应尽全力进攻。

训练要求:男运动员可以多练高难动作和击打头部动作。

2. 不同级别配对实战

训练目的:提高运动员适应不同的选手。

训练方法:两人实战,级别不同。

训练要求:级别不能相差太多,一般在两个级别之内。

3. 缩短时间实战

训练目的:提高运动员有效击打的能力。

训练方法:两人实战,如正式比赛时间是2分钟一局,而实战要求30秒一局,中间休息10秒钟,或一分钟一局,多次换不同的对手实战。

训练要求:双方都要多主动进攻。

4. 拉长时间实战

训练目的:提高运动员在体力下降的情况下连续作战的能力。

训练方法:两人实战,如正式比赛时间是2分钟一局,而实战要求5分钟、9分钟一局。

训练要求:双方都要多主动进攻。

5. 车轮战

训练目的:提高运动员在体力下降的情况下连续作战的能力。

训练方法:两人实战,一人连续实战,如一局2分钟,打完一局,配对者下场休息,再换另一个人继续实战。

训练要求:配对者要多主动进攻,尽量不要让主练者有休息的机会。

条件实战应由易到难,循序渐进,待战术训练到一定程度后,可安排不同打法特点的运动员,轮流互换对手进行条件实战练习,实战比赛结束后,运动员应进行及时总结,并对战术的运用进行提高和改进,以促进自身战术能力的不断提高。

第三节 跆拳道战术实战能力训练

一、跆拳道实战战术设计

跆拳道实战战术设计过程中,要充分考虑运动员的自身实力和对手的技战术特点,结合比赛实际合理设计跆拳道战术,具体来说,应做到四个"统一",具体分析如下。

(一)针对性与优化性相统一

跆拳道运动员设计战术时,要做到针对性与优化性相统一。这是跆拳道战术设计的第一要求,也是运动员在跆拳道比赛中科学实施战术取胜的重要标准。

首先,跆拳道战术的设计要有针对性,具体是指跆拳道战术设计目标要明确,既要考虑攻守,也要针对对手,做到以己之长攻彼之短。

其次,跆拳道战术的设计要体现出优化性,具体是战术动作结构上要优化组合,既要有突破一点带动全局的设计,而且还要有各种各样的搭配,随机应变,出奇制胜;不仅要发挥自己的跆拳道竞技实力,同时还要能有效地制约对方。

第七章 跆拳道基本战术教学

(二)原则性和机动性相统一

原则性和机动性相统一是跆拳道战术设计的重要原则和基本要求。具体来说,跆拳道战术设计的原则性与机动性的统一主要体现在以下两个方面,一方面,跆拳道战术的原则性主要体现在:坚持以自己的战术指导思想所设计的打法和贯彻所选择的战术方法的实质,任凭千变万化都要以既定战术打法为主,而辅以其他一些应变的措施,机动灵活地运用。另一方面,跆拳道战术的机动性则主要体现在:通过发挥自身在比赛中的主观能动性,并且根据具体情况,采取应变的或创造性的打法来完成战术的任务。

跆拳道实战比赛中,原则性是跆拳道运动员科学实施战术、在比赛中打出风格和突出特色的一个重要内容,也是运动员以既定战术坚持到比赛结束的关键,机动性是融入战术的原则性之中,以求实效,而不是根据自己的想法随意进行。原则性与机动性的统一能使运动员既能把握住战术实施的主要目的和方向,又能结合比赛情况灵活应变、争取主动。

(三)长远性和近期性相统一

跆拳道战术设计的长远性和近期性相统一就是指选择并设计的战术打法要和长远的奋斗目标、指导思想相联系,和阶段性、年度性的训练计划与近期的比赛任务相联系,要有逐渐形成特色打法与风格的思考。

跆拳道运动员的成才是一个长期的过程,在实战比赛中,要善于发挥自己的长处和优点,并在战术设计中突出优势战胜对手。战术设计长远性和近期性的统一有助于运动员能始终保持自己的风格和打法,稳步取胜。

(四)均衡性和连续性相统一

跆拳道战术打法的设计,要从整个比赛攻守动态的过程来考虑，这是均衡性和连续性相统一原则的体现。例如，在跆拳道实战比赛中，从攻守过程的整体出发，在战术开始发动到结束的转换过程中，为了能够便于转化，要高度重视攻守的合理转换，不要盲目进攻，也不要过于保守始终防守，要在攻防对抗中注意快与慢、主攻与辅攻、各个环节之间的关系。

二、跆拳道战术实战能力训练内容

（一）横踢应用战术

跆拳道横踢战术主要有以下几种形式，即对方原地换位时横踢、对方上步时横踢、对方后撤时横踢、对方劈腿时反击横踢、连续横踢、以横踢反击横踢等。

以在对方原地换位的瞬间横踢进攻对方为例，在跆拳道比赛过程中，运动者会不断变换自身的准备姿势，以更好地发动进攻。双方换位时，甲乙双方穿护具右架闭式站立（双方同是右架或同是左架站立则称为闭式站立，一方是左架，另一方是右架，则为开式站立，下同），乙方原地换位的一刹那，甲方立即使用后腿横踢（图7-1）。

图 7-1

（二）后踢应用战术

以用假横踢调动对方，在其进攻横踢时使用后踢反击为例，甲乙双方右架闭式站立。甲使用后腿横踢假进攻乙，乙后撤一步

第七章　跆拳道基本战术教学

然后用横踢进攻甲时,甲趁势使用后踢反击乙(图 7-2)。

图 7-2

(三)下劈应用战术

跆拳道比赛中,下劈战术主要应用于对方横踢时用劈腿反击、双方分开后即可劈腿进攻、用横踢调动对方,再用劈腿攻击等情况。

以在分开时使用劈腿进攻为例,一个回合交战后,双方贴在了一起,在即要分开的瞬间,用劈腿技术攻击对方(图 7-3)。

图 7-3

(四)侧踢应用战术

跆拳道比赛中,甲乙双方对抗,当乙用横踢时,甲用侧踢阻击,如图 7-4 所示。

(五)鞭踢应用战术

跆拳道比赛中,甲乙双方右架闭式站立,乙用前横踢进攻,甲使用前腿的鞭踢反击对方面部(图7-5)。

图 7-4

图 7-5

(六)后旋踢应用战术

跆拳道比赛中,甲乙右架闭式站立,乙方用横踢进攻甲,甲立即使用后旋踢反击乙头部(图7-6)。

图 7-6

(七)前横踢应用战术

跆拳道比赛中,甲乙双方闭式站位,乙方原地换位时,甲立即使用前横踢突然击打对方胸腹部或头部(图7-7)。

图 7-7

(八)双飞踢应用战术

跆拳道比赛中,甲乙对抗,甲乙双方右架闭式站立,甲先用假劈腿迫使乙后撤,甲用双飞踢进攻;乙方原地换位瞬间,甲方使用双飞踢;甲先用假横踢迫使乙后撤,甲再用双飞踢进攻(图7-8)。

图 7-8

(九)旋风踢应用战术

跆拳道比赛中,甲乙对抗,甲乙双方开势站立,乙方为了防止甲后腿横踢而原地换位,对方原地换位瞬间,甲方使用旋风踢攻击乙方(图7-9)。

图 7-9

第八章 提高跆拳道运动技能的方法

跆拳道技能的训练除了基础的训练方法之外,要想获得更大程度上的提高,就必须运用更多的训练方法。本章将就跆拳道技能提高的训练方法进行详细介绍,主要包括脚靶训练法、护具训练法、空击结合步法训练法以及综合训练法。

第一节 脚靶训练法

一、固定脚靶训练

在脚靶训练中,固定靶训练主要是指持靶配合的人原地站立手持脚靶,由踢击脚靶的练习者主动出击进行练习,持靶者根据动作的要求将靶放置不同的位置。

(一)一路纵队练习法

1.固定靶踢击一个技术依次训练

目的:熟练各种技术,观察其他队员踢法的优缺点,改进自己的技术。

方法:一路纵队,第一个人使用一个动作技术如前横踢踢击脚靶一次,然后回到队尾,依次按顺序每人踢击一次。

要求:练习者与持靶者之间的距离注意不要太近,击打完后要注意观察和借鉴其他队员的踢法。

2.固定靶踢击同一动作组合技术依次训练

目的:熟练同一动作组合技术,观察其他队员踢法的优缺点,改进自己的技术。

方法:一路纵队,第一个人使用同一动作组合技术(即两个动作是一样的组合)如前横踢结合前横踢踢击脚靶一次,然后回到队尾,依次按顺序每人踢击一次。

要求:练习者与持靶者之间的距离注意不要太近,击打完后要注意观察和借鉴其他队员的踢法。

3.固定靶踢击不同动作组合技术依次训练

目的:熟练不同动作组合技术,观察其他队员踢法的优缺点,改进自己的技术。

方法一:列成一路纵队,第一个人使用不同动作组合技术(即两个动作不一样的组合,两个动作可以都是进攻技术,也可以一个是进攻技术,另一个是反击技术)如前横踢结合后横踢踢击脚靶一次,然后回到队尾,依次按顺序每人踢击一次。

方法二:进攻前横踢结合后横踢进攻、进攻前横踢结合后腿下劈进攻、进攻前横踢结合后踢进攻、进攻前横踢结合后旋踢、进攻前横踢结合旋风踢进攻、进攻前横踢结合反击后横踢、进攻前横踢结合反击前横踢。

要求:练习者与持靶者之间的距离注意不要太近,击打完后要注意观察和借鉴其他队员的踢法。

4.各种步法结合动作固定靶练习

目的:熟练各种步法结合各种技术,观察其他队员踢法的优缺点,改进自己的技术。

方法:一路纵队,第一个人使用各种步法结合一个动作技术如前跃步接前横踢踢击脚靶一次,然后回到队尾,依次按照顺序

第八章 提高跆拳道运动技能的方法

每人踢击一次。

要求:练习者与持靶者之间的距离注意不要太近,击打完后要注意观察和借鉴其他队员的踢法。

(二)两路纵队练习法

1.固定靶踢击一个技术依次训练

目的:熟练各种技术,观察其他队员踢法的优缺点,改进自己的技术。

方法:一路纵队都手持靶,前后都拉开一定距离,另一路纵队的每一个人依次踢击每一个靶,每个靶踢击的动作可以是一样的,也可以是不同的。

(1)当所有的手持靶都是前横踢进攻的靶时,即前横踢靶—前横踢靶—前横踢靶。

(2)当所有的手持靶都是不同的动作的靶时,即前横踢靶—前下劈靶—后横踢靶。

要求:练习者与持靶者之间的距离注意不要太近,击打完后要注意观察和借鉴其他队员的方法。

2.固定靶踢击同一动作组合技术依次训练

目的:熟练同一动作组合技术,观察其他队员踢法的优缺点,改进自己的技术。

方法:一路纵队都手持靶,前后都拉开一定距离,另一路纵队的每一个人依次踢击每一个靶,每个靶踢击的动作可以是一样的,也可以是不同的,即每踢击一次脚靶都是使用同一动作组合技术(即两个动作是一样的组合)如前横踢结合前横踢踢击脚靶一次。

要求:练习者与持靶者之间的距离注意不要太近,击打完后要注意观察和借鉴其他队员的踢法。

3.固定靶踢击不同动作组合技术依次训练

目的:熟练不同动作组合技术,观察其他队员踢法的优缺点,改进自己的技术。

方法:一路纵队都手持靶,前后都拉开一定距离,另一路纵队的每一个人依次踢击每一个靶,每个靶踢击的动作可以是一样的,当然也可以不同,即使用不同动作组合技术(即两个动作不一样的组合,两个动作可以都是进攻技术,也可以一个是进攻技术,另一个是反击技术)如前横踢结合后横踢踢击脚靶一次。又如:进攻前横踢结合后横踢进攻、进攻前横踢结合后腿下劈进攻、进攻前横踢结合后踢进攻、进攻前横踢结合后旋踢、进攻前横踢结合旋风踢进攻、进攻前横踢结合反击后横踢、进攻前横踢结合反击前横踢。

要求:练习者与持靶者之间的距离注意不要太近,击打完后要注意观察和借鉴其他队员的踢法。

4.各种步法结合动作固定靶练习

目的:熟练各种步法结合各种技术,观察其他队员踢法的优缺点,改进自己的技术。

方法:一路纵队都手持靶,前后都拉开一定距离,另一路纵队的每一个人依次踢击每一个靶,每个靶踢击的动作可以是一样的,也可以是不同的,即使用各种步法结合一个动作技术如前跃步接前横踢踢击脚靶一次。

要求:练习者与持靶者之间的距离注意不要太近,击打完后要注意观察和借鉴其他队员的踢法。

(三)三列横队练习法

1.固定靶踢击一个技术训练

目的:熟练各种技术,观察其他队员踢法的优缺点,改进自己

第八章 提高跆拳道运动技能的方法

的技术。

方法:队员分成三列横队,第一、第三排队员手持脚靶都面向中间的一排(第二排),三排之间拉开一定距离,由第二排主动踢击,第二排使用前横踢进攻技术先踢击第一排的脚靶,然后迅速转身,踢击第三排的脚靶,踢完规定的次数后,三排轮换。

要求:练习者与持靶者之间的距离注意不要太近,击打完后要注意观察和借鉴其他队员的踢法。

2.固定靶踢击同一动作组合技术依次训练

目的:熟练同一动作组合技术,观察其他队员踢法的优缺点,改进自己的技术。

方法:队员分成三列横队,第一、第三排队员手持脚靶都面向中间的一排(第二排),三排之间拉开一定距离,由第二排主动踢击,第二排使用同一动作组合技术如前横踢接前横踢进攻技术先踢击第一排的脚靶,然后迅速转身,踢击第三排的脚靶,踢完规定的次数后,三排轮换。

要求:练习者与持靶者之间的距离注意不要太近,击打完后要注意观察和借鉴其他队员的踢法。

3.固定靶踢击不同动作组合技术依次训练

目的:熟练不同动作组合技术,观察其他队员踢法的优缺点,改进自己的技术。

方法一:队员分成三列横队,第一、第三排队员手持脚靶都面向中间的一排(第二排),三排之间拉开一定距离,由第二排主动踢击,第二排使用不同动作组合技术(即两个动作不一样的组合,两个动作可以都是进攻技术,也可以一个是进攻技术,另一个是反击技术)如前横踢结合后横踢踢击第一排的脚靶,然后迅速转身,踢击第三排的脚靶,踢完规定的次数后,三排轮换。

方法二:进攻前横踢结合后横踢进攻、进攻前横踢结合后腿下劈进攻、进攻前横踢结合后踢进攻、进攻前横踢结合后旋踢、进攻前横踢结合旋风踢进攻、进攻前横踢结合反击后横踢、进攻前横踢结合反击前横踢。

要求：练习者与持靶者之间的距离注意不要太近，击打完后要注意观察和借鉴其他队员的踢法。

4. 各种步法结合动作固定靶练习

目的：熟练各种步法结合各种技术，观察其他队员踢法的优缺点，改进自己的技术。

方法：队员分成三列横队，第一、第三排队员手持脚靶都面向中间的一排（第二排），三排之间拉开一定距离，由第二排主动踢击，第二排使用各种步法结合一个动作技术如前跃步接前横踢踢击第一排的脚靶，然后迅速转身，踢击第三排的脚靶，踢完规定的次数后，三排轮换。

要求：练习者与持靶者之间的距离注意不要太近，击打完后要注意观察和借鉴其他队员的踢法。

(四)配合者围成一圈练习法

目的：熟练各种步法结合各种技术，观察其他队员踢法的优缺点，改进自己的技术。

方法：所有配合者围成一圈，踢击者站在中间，用同一个动作或者不同的动作依次踢击，等踢击完规定的次数，再由其他人轮换。

要求：练习者与持靶者之间的距离注意不要太近，击打完后要注意观察和借鉴其他队员的踢法。

二、移动靶训练

移动靶是相对固定靶来说的，固定靶是配合拿靶的人站在原地，而移动靶是拿靶的人跟随练习者移动起来，根据不同的练习要求变换不同的方向，虽然还是练习者主动，但是拿靶的人也要

第八章　提高跆拳道运动技能的方法

在拿靶的同时移动起来,包括运用基本的步法。

(一)一路纵队练习法

1.移动靶踢击一个技术依次训练

目的:熟练各种技术,观察其他队员踢法的优缺点,改进自己的技术。

方法:一路纵队,第一个人使用一个动作技术如前横踢踢击脚靶一次,然后回到队尾,依次按顺序每人踢击一次。

要求:练习者与持靶者之间的距离注意不要太近,击打完后要注意观察和借鉴其他队员的踢法。

2.移动靶踢击同一动作组合技术依次训练

目的:熟练同一动作组合技术,观察其他队员踢法的优缺点,改进自己的技术。

方法:一路纵队,第一个人使用同一动作组合技术(即两个动作是一样的组合)如前横踢结合前横踢踢击脚靶一次,然后回到队尾,依次按顺序每人踢击一次。

要求:练习者与持靶者之间的距离注意不要太近,击打完后要注意观察和借鉴其他队员的踢法。

3.移动靶踢击不同动作组合技术依次训练

目的:熟练不同动作组合技术,观察其他队员踢法的优缺点,改进自己的技术。

方法一:一路纵队,第一个人使用不同动作组合技术(即两个动作不一样的组合,两个动作可以都是进攻技术,也可以一个是进攻技术,另一个是反击技术)如前横踢结合后横踢踢击脚靶一次,然后回到队尾,依次按顺序每人踢击一次。

方法二:进攻前横踢结合后横踢进攻、进攻前横踢结合后腿下劈进攻、进攻前横踢结合后踢进攻、进攻前横踢结合后旋踢、进攻前横踢结合旋风踢进攻、进攻前横踢结合反击后横踢、进攻前横踢结合反击前横踢。

要求：练习者与持靶者之间的距离注意不要太近，击打完后要注意观察和借鉴其他队员的踢法。

4.各种步法结合动作移动靶练习

目的：熟练各种步法结合各种技术，观察其他队员踢法的优缺点，改进自己的技术。

方法：一路纵队，第一个人使用各种步法结合一个动作技术如前跃步接前横踢踢击脚靶一次，然后回到队尾，依次按顺序每人踢击一次。

要求：练习者与持靶者之间的距离注意不要太近，击打完后要注意观察和借鉴其他队员的踢法。

(二)两路纵队练习法

1.移动靶踢击一个技术依次训练

目的：熟练各种技术，观察其他队员踢法的优缺点，改进自己的技术。

方法：一路纵队都手持靶，前后都拉开一定距离，另一路纵队的每一个人依次踢击每一个靶，每个靶踢击的动作可以是一样的，也可以是不同的。

(1)所有的手持靶都是前横踢进攻的靶，即前横踢靶—前横踢靶—前横踢靶。

(2)所有的手持靶都是不同的动作的靶，即前横踢靶—前下劈靶—后横踢靶。

要求：练习者与持靶者之间的距离注意不要太近，击打完后要注意观察和借鉴其他队员的踢法。

2.移动靶踢击同一动作组合技术依次训练

目的：熟练同一动作组合技术，观察其他队员踢法的优缺点，

第八章 提高跆拳道运动技能的方法

改进自己的技术。

方法:一路纵队都手持靶,前后都拉开一定距离,另一路纵队的每一个人依次踢击每一个靶,每个靶踢击的动作可以是一样的,也可以是不同的,即每踢击一次脚靶都是使用同一动作组合技术(即两个动作是一样的组合)如前横踢结合前横踢踢击脚靶一次。

要求:练习者与持靶者之间的距离注意不要太近,击打完后要注意观察和借鉴其他队员的踢法。

3.移动靶踢击不同动作组合技术依次训练

目的:熟练不同动作组合技术,观察其他队员踢法的优缺点,改进自己的技术。

方法:一路纵队都手持靶,前后都拉开一定距离,另一路纵队的每一个人依次踢击每一个靶,每个靶踢击的动作可以是一样的,也可以是不同的,即使用不同动作组合技术(即两个动作不一样的组合,两个动作可以都是进攻技术,也可以一个是进攻技术,另一个是反击技术)如前横踢结合后横踢踢击脚靶一次。又如:进攻前横踢结合后横踢进攻、进攻前横踢结合后腿下劈进攻、进攻前横踢结合后踢进攻、进攻前横踢结合后旋踢、进攻前横踢结合旋风踢进攻、进攻前横踢结合反击后横踢、进攻前横踢结合反击前横踢。

要求:练习者与持靶者之间的距离注意不要太近,击打完后要注意观察和借鉴其他队员的踢法。

4.各种步法结合动作移动靶练习

目的:熟练各种步法结合各种技术,观察其他队员踢法的优缺点,改进自己的技术。

方法:一路纵队都手持靶,前后都拉开一定距离,另一路纵队的每一个人依次踢击每一个靶,每个靶踢击的动作可以是一样的,也可以是不同的,即使用各种步法结合一个动作技术如前跃步接前横踢踢击脚靶一次。

要求:练习者与持靶者之间的距离注意不要太近,击打完后要注意观察和借鉴其他队员的踢法。

(三)三列横队练习法

1. 移动靶踢击一个技术训练

目的:熟练各种技术,观察其他队员踢法的优缺点,改进自己的技术。

方法:队员分成三列横队,第一、第三排队员手持脚靶都面向中间的一排(第二排),三排之间拉开一定距离,由第二排主动踢击,第二排使用前横踢进攻技术先踢击第一排的脚靶,然后迅速转身,踢击第三排的脚靶,踢完规定的次数后,三排轮换。

要求:练习者与持靶者之间的距离注意不要太近,击打完后要注意观察和借鉴其他队员的踢法。

2. 移动靶踢击同一动作组合技术依次训练

目的:熟练同一动作组合技术,观察其他队员踢法的优缺点,改进自己的技术。

方法:队员分成三列横队,第一、第三排队员手持脚靶都面向中间的一排(第二排),三排之间拉开一定距离,由第二排主动踢击,第二排使用同一动作组合技术如前横踢接前横踢进攻技术先踢击第一排的脚靶,然后迅速转身,踢击第三排的脚靶,踢完规定的次数后,三排轮换。

要求:练习者与持靶者之间的距离注意不要太近,击打完后要注意观察和借鉴其他队员的踢法。

3. 移动靶踢击不同动作组合技术依次训练

目的:熟练不同动作组合技术,观察其他队员踢法的优缺点,改进自己的技术。

第八章　提高跆拳道运动技能的方法

方法一：队员分成三列横队，第一、第三排队员手持脚靶都面向中间的一排（第二排），三排之间拉开一定距离，由第二排主动踢击，第二排使用不同动作组合技术（即两个动作不一样的组合，两个动作可以都是进攻技术，也可以一个是进攻技术，另一个是反击技术）如前横踢结合后横踢踢击第一排的脚靶，然后迅速转身，踢击第三排的脚靶，踢完规定的次数后，三排轮换。

方法二：进攻前横踢结合后横踢进攻、进攻前横踢结合后腿下劈进攻、进攻前横踢结合后踢进攻、进攻前横踢结合后旋踢、进攻前横踢结合旋风踢进攻、进攻前横踢结合反击后横踢、进攻前横踢结合反击前横踢。

要求：练习者与持靶者之间的距离注意不要太近，击打完后要注意观察和借鉴其他队员的踢法。

4.各种步法结合动作移动靶练习

目的：熟练各种步法结合各种技术，观察其他队员踢法的优缺点，改进自己的技术。

方法：队员分成三列横队，第一、第三排队员手持脚靶都面向中间的一排（第二排），三排之间拉开一定距离，由第二排主动踢击，第二排使用各种步法结合一个动作技术如前跃步接前横踢踢击第一排的脚靶，然后迅速转身，踢击第三排的脚靶，踢完规定的次数后，三排轮换。

要求：练习者与持靶者之间的距离注意不要太近，击打完后要注意观察和借鉴其他队员的踢法。

（四）配合者围成一圈练习法

目的：熟练各种步法结合各种技术，观察其他队员踢法的优缺点，改进自己的技术。

方法：所有配合者围成一圈，踢击者站在中间，用同一个动作或者不同的动作依次踢击，等踢击完规定的次数，再由其他人轮换。

要求:练习者与持靶者之间的距离注意不要太近,击打完后要注意观察和借鉴其他队员的踢法。

第二节　护具训练法

一、固定护具训练

在护具训练中,固定护具训练主要是穿护具配合的人原地站立,由踢击护具的练习者主动出击进行练习。

(一)一路纵队练习法

1.固定护具踢击一个技术依次训练

目的:熟练各种技术,观察其他队员踢法的优缺点,改进自己的技术。

方法:一路纵队,第一个人使用一个动作技术如前横踢踢击护具一次,然后回到队尾,依次按顺序每人踢击一次。

要求:练习者与持护具者之间的距离注意不要太近,击打完后要注意观察和借鉴其他队员的踢法。

2.固定护具踢击同一动作组合技术依次训练

目的:熟练同一动作组合技术,观察其他队员踢法的优缺点,改进自己的技术。

方法:一路纵队,第一个人使用同一动作组合技术(即两个动作是一样的组合)如前横踢结合前横踢踢击护具一次,然后回到队尾,依次按顺序每人踢击一次。

要求:练习者与持护具者之间的距离注意不要太近,击打完后要注意观察和借鉴其他队员的踢法。

第八章　提高跆拳道运动技能的方法

3.固定护具踢击不同动作组合技术依次训练

目的:熟练不同动作组合技术,观察其他队员踢法的优缺点,改进自己的技术。

方法一:一路纵队,第一个人使用不同动作组合技术(即两个动作不一样的组合,两个动作可以都是进攻技术,也可以一个是进攻技术,另一个是反击技术)如前横踢结合后横踢踢击护具一次,然后回到队尾,依次按顺序每人踢击一次。

方法二:进攻前横踢结合后横踢进攻、进攻前横踢结合后腿下劈进攻、进攻前横踢结合后踢进攻、进攻前横踢结合后旋踢、进攻前横踢结合旋风踢进攻、进攻前横踢结合反击后横踢、进攻前横踢结合反击前横踢。

要求:练习者与持护具者之间的距离注意不要太近,击打完后要注意观察和借鉴其他队员的踢法。

4.各种步法结合动作固定护具练习

目的:熟练各种步法结合各种技术,观察其他队员踢法的优缺点,改进自己的技术。

方法:一路纵队,第一个人使用各种步法结合一个动作技术如前跃步接前横踢踢击护具一次,然后回到队尾,依次按顺序每人踢击一次。

要求:练习者与持护具者之间的距离注意不要太近,击打完后要注意观察和借鉴其他队员的踢法。

(二)两路纵队练习法

1.固定护具踢击一个技术依次训练

目的:熟练各种技术,观察其他队员踢法的优缺点,改进自己的技术。

方法:一路纵队都穿护具,前后都拉开一定距离,另一路纵队的每一个人依次踢击每一个护具,每个护具踢击的动作可以是一样的,也可以是不同的。

(1)所有的穿护具都是前横踢进攻的护具,即前横踢护具—前横踢护具—前横踢护具。

(2)所有的穿护具都是不同动作的护具,即前横踢护具—前下劈护具—后横踢护具。

要求:练习者与持护具者之间的距离注意不要太近,击打完后要注意观察和借鉴其他队员的踢法。

2. 固定护具踢击同一动作组合技术依次训练

目的:熟练同一动作组合技术,观察其他队员踢法的优缺点,改进自己的技术。

方法:一路纵队都穿护具,前后都拉开一定距离,另一路纵队的每一个人依次踢击每一个护具,每个护具踢击的动作可以是一样的,也可以是不同的,即每踢击一次护具都是使用同一动作组合技术(即两个动作是一样的组合)如前横踢结合前横踢踢击护具一次。

要求:练习者与持护具者之间的距离注意不要太近,击打完后要注意观察和借鉴其他队员的踢法。

3. 固定护具踢击不同动作组合技术依次训练

目的:熟练不同动作组合技术,观察其他队员踢法的优缺点,改进自己的技术。

方法:一路纵队都穿护具,前后都拉开一定距离,另一路纵队的每一个人依次踢击每一个护具,每个护具踢击的动作可以是一样的,也可以是不同的,即使用不同动作组合技术(即两个动作不一样的组合,两个动作可以都是进攻技术,也可以一个是进攻技术,另一个是反击技术)如前横踢结合后横踢踢击护具一次。又如:进攻前横踢结合后横踢进攻、进攻前横踢结合后腿下劈进攻、进攻前横踢结合后踢进攻、进攻前横踢结合后旋踢、进攻前横踢

第八章 提高跆拳道运动技能的方法

结合旋风踢进攻、进攻前横踢结合反击后横踢、进攻前横踢结合反击前横踢。

要求：练习者与持护具者之间的距离注意不要太近，击打完后要注意观察和借鉴其他队员的踢法。

4.各种步法结合动作固定护具练习

目的：熟练各种步法结合各种技术，观察其他队员踢法的优缺点，改进自己的技术。

方法：一路纵队都穿护具，前后都拉开一定距离，另一路纵队的每一个人依次踢击每一个护具，每个护具踢击的动作可以是一样的，也可以是不同的，即使用各种步法结合一个动作技术如前跃步接前横踢踢击护具一次。

要求：练习者与持护具者之间的距离注意不要太近，击打完后要注意观察和借鉴其他队员的踢法。

(三)三列横队练习法

1.固定护具踢击一个技术训练

目的：熟练各种技术，观察其他队员踢法的优缺点，改进自己的技术。

方法：队员分成三列横队，第一、第三排队员穿护具都面向中间的一排(第二排)，三排之间拉开一定距离，由第二排主动踢击，第二排使用前横踢进攻技术先踢击第一排的护具，然后迅速转身，踢击第三排的护具，踢完规定的次数后，三排轮换。

要求：练习者与持护具者之间的距离注意不要太近，击打完后要注意观察和借鉴其他队员的踢法。

2.固定护具踢击同一动作组合技术依次训练

目的：熟练同一动作组合技术，观察其他队员踢法的优缺点，改进自己的技术。

方法：队员分成三列横队，第一、第三排队员穿护具都面向中间的一排（第二排），三排之间拉开一定距离，由第二排主动踢击，第二排使用同一动作组合技术如前横踢接前横踢进攻技术先踢击第一排的护具，然后迅速转身，踢击第三排的护具，踢完规定的次数后，三排轮换。

要求：练习者与持护具者之间的距离注意不要太近，击打完后要注意观察和借鉴其他队员的踢法。

3.固定护具踢击不同动作组合技术依次训练

目的：熟练不同动作组合技术，观察其他队员踢法的优缺点，改进自己的技术。

方法一：队员分成三列横队，第一、第三排队员穿护具都面向中间的一排（第二排），三排之间拉开一定距离，由第二排主动踢击，第二排使用不同动作组合技术（即两个动作不一样的组合，两个动作可以都是进攻技术，也可以一个是进攻技术，另一个是反击技术）如前横踢结合后横踢踢击第一排的护具，然后迅速转身，踢击第三排的护具，踢完规定的次数后，三排轮换。

方法二：进攻前横踢结合后横踢进攻、进攻前横踢结合后腿下劈进攻、进攻前横踢结合后踢进攻、进攻前横踢结合后旋踢、进攻前横踢结合旋风踢进攻、进攻前横踢结合反击后横踢、进攻前横踢结合反击前横踢。

要求：练习者与持护具者之间的距离注意不要太近，击打完后要注意观察和借鉴其他队员的踢法。

4.各种步法结合动作固定护具练习

目的：熟练各种步法结合各种技术，观察其他队员踢法的优缺点，改进自己的技术。

方法：队员分成三列横队，第一、率三排队员穿护具都面向中间的一排（第二排），三排之间拉开一定距离，由第二排主动踢击，第二排使用各种步法结合一个动作技术如前跃步接前横踢踢击

第八章　提高跆拳道运动技能的方法

第一排的护具,然后迅速转身,踢击第三排的护具,踢完规定的次数后,三排轮换。

要求:练习者与持护具者之间的距离注意不要太近,击打完后要注意观察和借鉴其他队员的踢法。

(四)配合者围成一圈练习法

目的:熟练各种步法结合各种技术,观察其他队员踢法的优缺点,改进自己的技术。

方法:所有配合者围成一圈,踢击者站在中间,用同一个动作或者不同的动作依次踢击,等踢击完规定的次数,再由其他人轮换。

要求:练习者与持护具者之间的距离注意不要太近,击打完后要注意观察和借鉴其他队员的踢法。

二、移动护具训练

移动护具是相对固定护具来说的,固定护具是配合穿护具的人站在原地,而移动护具是穿护具的人跟随练习者移动起来,根据不同的练习要求变换不同的方向,虽然还是练习者主动,但是穿护具的人也要在配合的同时移动起来,包括运用基本的步法。

(一)一路纵队练习法

1. 移动护具踢击一个技术依次训练

目的:熟练各种技术,观察其他队员踢法的优缺点,改进自己的技术。

方法:一路纵队,第一个人使用一个动作技术如前横踢踢击护具一次,然后回到队尾,依次按顺序每人踢击一次。

要求:练习者与持护具者之间的距离注意不要太近,击打完后要注意观察和借鉴其他队员的踢法。

2.移动护具踢击同一动作组合技术依次训练

目的:熟练同一动作组合技术,观察其他队员踢法的优缺点,改进自己的技术。

方法:一路纵队,第一个人使用同一动作组合技术(即两个动作是一样的组合)如前横踢结合前横踢踢击护具一次,然后回到队尾,依次按顺序每人踢击一次。

要求:练习者与持护具者之间的距离注意不要太近,击打完后要注意观察和借鉴其他队员的踢法。

3.移动护具踢击不同动作组合技术依次训练

目的:熟练不同动作组合技术,观察其他队员踢法的优缺点,改进自己的技术。

方法:一路纵队,第一个人使用不同动作组合技术(即两个动作不一样的组合,两个动作可以都是进攻技术,也可以一个是进攻技术,另一个是反击技术)如前横踢结合后横踢踢击护具一次,然后回到队尾,依次按顺序每人踢击一次。

又如:进攻前横踢结合后横踢进攻、进攻前横踢结合后腿下劈进攻、进攻前横踢结合后踢进攻、进攻前横踢结合后旋踢、进攻前横踢结合旋风踢进攻、进攻前横踢结合反击后横踢、进攻前横踢结合反击前横踢。

要求:练习者与持护具者之间的距离注意不要太近,击打完后要注意观察和借鉴其他队员的踢法。

4.各种步法结合动作移动护具练习

目的:熟练各种步法结合各种技术,观察其他队员踢法的优缺点,改进自己的技术。

方法:一路纵队,第一个人使用各种步法结合一个动作技术如前跃步接前横踢踢击护具一次,然后回到队尾,依次按顺序每人踢击一次。

第八章　提高跆拳道运动技能的方法

要求:练习者与持护具者之间的距离注意不要太近,击打完后要注意观察和借鉴其他队员的踢法。

(二)两路纵队练习法

1. 移动护具踢击一个技术依次训练

目的:熟练各种技术,观察其他队员踢法的优缺点,改进自己的技术。

方法:一路纵队都穿护具,前后都拉开一定距离,另一路纵队的每一个人依次踢击每一个护具,每个护具踢击的动作可以是一样的,也可以是不同的。

(1)所有的穿护具都是前横踢进攻的护具,即前横踢护具—前横踢护具—前横踢护具。

(2)所有的穿护具都是不同动作的护具,即前横踢护具—前下劈护具—后横踢护具。

要求:练习者与持护具者之间的距离注意不要太近,击打完后要注意观察和借鉴其他队员的踢法。

2. 移动护具踢击同一动作组合技术依次训练

目的:熟练同一动作组合技术,观察其他队员踢法的优缺点,改进自己的技术。

方法:一路纵队都穿护具,前后都拉开一定距离,另一路纵队的每一个人依次踢击每一个护具,每个护具踢击的动作可以是一样的,也可以是不同的,即每踢击一次护具都是使用同一动作组合技术(即两个动作是一样的组合)如前横踢结合前横踢踢击护具一次。

要求:练习者与持护具者之间的距离注意不要太近,击打完后要注意观察和借鉴其他队员的踢法。

3. 移动护具踢击不同动作组合技术依次训练

目的:熟练不同动作组合技术,观察其他队员踢法的优缺点,改进自己的技术。

方法：一路纵队都穿护具，前后都拉开一定距离，另一路纵队的每一个人依次踢击每一个护具，每个护具踢击的动作可以是一样的，也可以是不同的，即使用不同动作组合技术（即两个动作不一样的组合，两个动作可以都是进攻技术，也可以一个是进攻技术，另一个是反击技术）如前横踢结合后横踢踢击护具一次。又如：进攻前横踢结合后横踢进攻、进攻前横踢结合后腿下劈进攻、进攻前横踢结合后踢进攻、进攻前横踢结合后旋踢、进攻前横踢结合旋风踢进攻、进攻前横踢结合反击后横踢、进攻前横踢结合反击前横踢。

要求：练习者与持护具者之间的距离注意不要太近，击打完后要注意观察和借鉴其他队员的踢法。

4. 各种步法结合动作移动护具练习

目的：熟练各种步法结合各种技术，观察其他队员踢法的优缺点，改进自己的技术。

方法：一路纵队都穿护具，前后都拉开一定距离，另一路纵队的每一个人依次踢击每一个护具，每个护具踢击的动作可以是一样的，也可以是不同的，即使用各种步法结合一个动作技术如前跃步接前横踢踢击一次。

要求：练习者与持护具者之间的距离注意不要太近，击打完后要注意观察和借鉴其他队员的踢法。

(三) 三列横队练习法

1. 移动护具踢击一个技术训练

目的：熟练各种技术，观察其他队员踢法的优缺点，改进自己的技术。

方法：队员分成三列横队，第一、第三排队员穿护具都面向中间的一排（第二排），三排之间拉开一定距离，由第二排主动踢击，

第八章　提高跆拳道运动技能的方法

第二排使用前横踢进攻技术先踢击第一排的护具,然后迅速转身,踢击第三排的护具,踢完规定的次数后,三排轮换。

要求:练习者与持护具者之间的距离注意不要太近,击打完后要注意观察和借鉴其他队员的踢法。

2.移动护具踢击同一动作组合技术依次训练

目的:熟练同一动作组合技术,观察其他队员踢法的优缺点,改进自己的技术。

方法:队员分成三列横队,第一、第三排队员穿护具都面向中间的一排(第二排),三排之间拉开一定距离,由第二排主动踢击,第二排使用同一动作组合技术如前横踢接前横踢进攻技术先踢击第一排的护具,然后迅速转身,踢击第三排的护具,踢完规定的次数后,三排轮换。

要求:练习者与持护具者之间的距离注意不要太近,击打完后要注意观察和借鉴其他队员的踢法。

3.移动护具踢击不同动作组合技术依次训练

目的:熟练不同动作组合技术,观察其他队员踢法的优缺点,改进自己的技术。

方法一:队员分成三列横队,第一、第三排队员穿护具都面向中间的一排(第二排),三排之间拉开一定距离,由第二排主动踢击,第二排使用不同动作组合技术(即两个动作不一样的组合,两个动作可以都是进攻技术,也可以一个是进攻技术,另一个是反击技术)如前横踢结合后横踢踢击第一排的护具,然后迅速转身,踢击第三排的护具,踢完规定的次数后,三排轮换。

方法二:进攻前横踢结合后横踢进攻、进攻前横踢结合后腿下劈进攻、进攻前横踢结合后踢进攻、进攻前横踢结合后旋踢、进攻前横踢结合旋风踢进攻、进攻前横踢结合反击后横踢、进攻前横踢结合反击前横踢。

要求:练习者与持护具者之间的距离注意不要太近,击打完后要注意观察和借鉴其他队员的踢法。

4.各种步法结合动作移动护具练习

目的:熟练各种步法结合各种技术,观察其他队员踢法的优缺点,改进自己的技术。

方法:队员分成三列横队,第一、第三排队员穿护具都面向中间的一排(第二排),三排之间拉开一定距离,由第二排主动踢击,第二排使用各种步法结合一个动作技术如前跃步接前横踢踢击第一排的护具,然后迅速转身,踢击第三排的护具,踢完规定的次数后,三排轮换。

要求:练习者与持护具者之间的距离注意不要太近,击打完后要注意观察和借鉴其他队员的踢法。

(四)配合者围成一圈练习法

目的:熟练各种步法结合各种技术,观察其他队员踢法的优缺点,改进自己的技术。

方法:所有配合者围成一圈,踢击者站在中间,用同一个动作或者不同的动作依次踢击,等踢击完规定的次数,再由其他人轮换。

要求:练习者与持护具者之间的距离注意不要太近,击打完后要注意观察和借鉴其他队员的踢法。

第三节　空击结合步法训练法

一、上步接后腿高横踢空击

目的:学习上步接后腿高横踢技术。

方法:一人基本姿势站立,练习上步接后腿的高横踢技术。

左右腿交替。

要求:原地练习。用以击打对方头面部。6～8次一组,多组重复。

二、上步接原地前腿反击横踢空击

目的:掌握上步接原地前腿反击技术横踢。
方法:两人基本姿势站立,一人进攻,另一人使用上步接原地前腿反击横踢。左右腿交替。
要求:原地练习。6～8次一组,两人交换做。5～7次一组,多组重复。

三、上步接前踢空击

目的:熟练掌握上步接前踢技术。
方法:一人基本姿势站立,行进间上步接练习前踢技术。左右腿交替。
要求:行进间练习。逐渐上升踢击高度。5～7次一组,要求多组重复。

四、上步接前横踢空击

目的:学习上步接前横踢技术。
方法:一人基本姿势站立,行进间上步接练习前腿的横踢技术。左右腿交替。
要求:行进间练习。逐渐上升踢击高度。6～8次一组,要求多组重复。

五、后撤步接原地后腿反击横踢空击

目的:掌握后撤步接原地后腿反击横踢技术。

方法:两人基本姿势站立,一人进攻,另一人使用后撤步接原地后腿反击横踢。左右腿交替。

要求:原地练习。5~7次一组,两人交换做。

六、后撤步接原地后腿反击高横踢空击

目的:掌握后撤步接原地后腿反击高横踢技术。

方法:两人基本姿势站立,一人进攻,另一人使用后撤步接原地后腿反击高横踢。左右腿交替。

要求:原地练习。6~8次一组,两人交换做。用以反击对方头面部。

七、后撤步接前腿下劈空击

目的:掌握后撤步接前腿下劈技术。

方法:一人基本姿势站立,练习后撤步接前腿的下劈技术。左右腿交替。

要求:行进间练习。5~7次一组,多组重复。

八、侧滑步接前腿下劈空击

目的:掌握侧滑步接前腿下劈技术。

方法:一人基本姿势站立,练习侧滑步接前腿的下劈技术。左右腿交替。

要求:原地练习。6~8次一组,多组重复。

九、侧滑步接后腿下劈空击

目的:掌握侧滑步接后腿下劈技术。

方法:一人基本姿势站立,练习侧滑步接后腿的下劈技术。

第八章 提高跆拳道运动技能的方法

左右腿交替。

要求:原地练习。5~7次一组,多组重复。

十、侧滑步接前腿下劈空击

目的:掌握侧滑步接前腿下劈技术。

方法:一人基本姿势站立,练习侧滑步接前腿的下劈技术。左右腿交替。

要求:行进间练习。5~7次一组,多组重复。

十一、前跃步接前踢空击练习

目的:学习前跃步接前踢技术。

方法:一人基本姿势站立,练习前跃步接前踢技术。练习时注意左右腿交替。

要求:原地练习。逐渐上升踢击高度。6~8次一组,要求多组重复。

十二、前跃步接前横踢空击

目的:学习前跃步接前横踢技术。

方法:一人基本姿势站立,练习前腿的前跃步接前横踢技术。左右腿交替。

要求:原地练习。逐渐上升踢击高度。6~8次一组,要求多组重复。

十三、后跃步接后腿横踢空击

目的:学习后跃步接后横踢技术。

方法:一人基本姿势站立,练习后跃步接后腿的横踢技术。

左右腿交替。

要求:原地练习。逐渐上升踢击高度。6~8次一组,多组重复。

十四、后跃步接前腿高横踢空击

目的:学习后跃步接前腿高横踢技术。
方法:一人基本姿势站立,练习后跃步接前腿的高横踢技术。左右腿交替。
要求:原地练习。用以击打对方头面部。6~8次一组,要求多组重复。

十五、后跃步接后腿横踢空击

目的:学习后跃步接后腿横踢技术。
方法:一人基本姿势站立,行进间练习后跃步接后腿的横踢技术。左右腿交替。
要求:行进间练习。逐渐上升踢击高度。6~8次一组,要求多组重复。

十六、组合步法接前腿横踢空击

目的:学习组合步法接前腿横踢技术。
方法:一人基本姿势站立,练习组合步法接前腿的横踢技术。左右腿交替。
要求:原地练习。逐渐上升踢击高度。5~7次一组,多组重复。

十七、组合步法接后腿横踢空击

目的:学习组合步法接后腿横踢技术。

第八章　提高跆拳道运动技能的方法

方法：一人基本姿势站立,练习组合步法接后腿的横踢技术。左右腿交替。

要求：原地练习。逐渐上升踢击高度。6～8次一组,要求多组重复。

十八、组合步法接后腿横踢空击

目的：学习组合步法接后腿横踢技术。

方法：一人基本姿势站立,行进间练习组合步法接后腿的横踢技术。左右腿交替。

要求：行进间练习。逐渐上升踢击高度。6～8次一组,要求多组重复。

十九、组合步法接前腿高横踢空击

目的：学习组合步法接前腿高横踢技术。

方法：一人基本姿势站立,行进间练习组合步法接前腿的高横踢技术。左右腿交替。

要求：行进间练习。用以击打对方头面部。6～8次一组,多组重复。

第四节　综合训练法

一、提膝训练方法

在提膝训练中,主要有两种方法,一是单腿连续提膝,如左腿连续提膝5次后,再换右腿练习5次,总次数是10次;而第二种是左右腿交替提膝,即左腿提膝1次,右腿提膝1次,总次数也是

10次,实际左右腿各练习了5次,但与第一种方法的区别就是左右腿交替着做。

(一)正向单腿连续提膝

目的:熟练提膝的正确动作和培养连续起腿的意识

方法:一人站立,向上单腿连续提膝。如左腿先连续做6次,再换右腿连续做6次。

要求:原地练习,两肩放松,逐渐加快提膝频率。6~8次一组,多组重复。

(二)正向左右交替提膝

目的:培养左右连续起腿的意识和加强身体灵活性。

方法:一人站立,向上左右腿连续提膝,即左腿提膝1次,右腿提膝1次,左右腿交替练习。

要求:原地练习,两肩放松,逐渐加快提膝频率。6~8次一组,多组重复。

(三)侧向左右交替提膝

目的:培养左右连续起腿的意识和加强身体灵活性以及快速变换方向的能力

方法:一人站立,先向左侧左右交替提膝,然后向右侧左右交替提膝。

要求:原地练习,逐渐加快提膝频率。6~8次一组,要求多组重复。

(四)背向单腿连续提膝听声音快速转身冲刺跑

目的:培养单腿连续起腿的意识和加强身体灵活性以及快速变换方向的能力。

方法:一人站立,向上单腿连续提膝。教练或同伴发口令,自己立即快速转身向前冲刺跑。

第八章　提高跆拳道运动技能的方法

要求:逐渐加快提膝频率,转身和冲刺都要以最快速度。6~8次一组,多组重复。

(五)背向左右交替提膝听声音快速转身冲刺跑

目的:培养左右交替连续起腿的意识和加强身体灵活性以及快速变换方向的能力

方法:一人站立,向上左右交替连续提膝。教练或同伴发口令,自己立即快速转身向前冲刺跑。

要求:逐渐加快提膝频率,转身和冲刺都要以最快速度。6~8次一组,多组重复。

(六)原地快速高抬腿听声音向前左右交替提膝

目的:培养左右连续起腿的意识和加强身体灵活性以及提高反应能力

方法:一人站立,快速高抬腿,教练或同伴发口令,自己立即向前跃出一步,然后快速左右腿连续提膝。

要求:原地练习,高抬腿要快速,反应要快,提膝要快。6~8次一组,多组重复。

二、手扶栏杆辅助训练法

手扶栏杆或墙训练主要是在练习者刚开始训练时为了体会技术动作使用,还可以因地制宜灵活运用,如扶着凳子、桌子或者墙壁等各处可以把扶的地方。

(一)手扶栏杆横踢鞭打腿

目的:体会并熟练横踢中主要环节的动作。
方法:一人站立,手扶栏杆,练习横踢鞭打小腿。
要求:原地练习,臀部不要下坐。5~7次一组,左右腿交替,多组重复。

(二)手扶栏杆慢速提膝转髋

目的:体会并熟练横踢中前两个环节的动作。

方法:一人站立,手扶栏杆,第一步练习直线提膝,然后练习转髋。

要求:提膝走直线,转髋时支撑脚要配合转动。5~7次一组,左右腿交替,多组重复。

(三)手扶栏杆提膝下劈

目的:体会并熟练下劈动作。

方法:一人站立,手扶栏杆,向上正踢腿,注意大腿带动小腿。

要求:身体不要向前探,腿要主动向身体贴。5~7次一组,左右腿交替,多组重复。

(四)手扶栏杆侧踢

目的:体会并熟练侧踢动作。

方法:一人站立,手扶栏杆,先练习前腿的侧踢动作,注意大腿带动小腿。

要求:开始练习时动作要慢。5~7次一组,左右腿交替,多组重复。

(五)手扶栏杆后踢

目的:体会并熟练后踢动作。

方法:一人站立,手扶栏杆,练习后踢动作,注意大腿带动小腿。

要求:开始练习时动作要慢。6~8次一组,左右腿交替,多组重复。

(六)手扶栏杆侧摆踢

目的:体会并熟练后踢动作。

第八章　提高跆拳道运动技能的方法

方法：一人站立，手扶栏杆，练习侧摆踢，注意大腿带动小腿。
要求：开始练习时动作要慢。5～7次一组，左右腿交替，多组重复。

（七）手扶栏杆后旋踢

目的：体会并熟练后踢动作。
方法：一人站立，开始先不扶栏杆，慢速转动时再扶栏杆，注意大腿带动小腿。
要求：在学会侧摆踢后再开始练习后旋踢。5～7次一组，左右腿交替，多组重复。

三、行进间准备活动练习法

训练思路：行进间准备活动主要是在训练的准备活动中使用，大部分练习是在移动中完成，一方面起到了热身的作用，为后面的基本训练部分做好身体准备，活动关节，拉开韧带，避免受伤，另一方面也是复习巩固基本的技术动作。

（一）行进间，正向左右交替前踢走

目的：热身，拉伸肌肉，活动关节，体会并熟练前踢动作。
方法：一人或两人排成一路纵队，行进间，练习前踢动作。
要求：开始练习时动作要慢。5～7次一组，多组重复。

（二）行进间，正向左右交替绕髋走

目的：热身，拉伸肌肉，活动关节，提高身体灵活性。
方法：一人或两人排成一行，行进间，正向左右交替绕髋走，进行准备活动。
要求：开始练习时动作要慢，幅度逐渐加大。6～8次一组，多组重复。

(三)行进间,正向单腿连续绕髋走

目的:热身,拉伸肌肉,活动关节,提高身体灵活性。

方法:一人或两人排成一行,行进间,左腿绕髋走多次后再练习右腿绕髋走。

要求:开始练习时动作要慢,幅度逐渐加大。5~7次一组,多组重复。

(四)行进间,实战姿势滑步

目的:热身,提高身体灵活性,熟练步法。

方法:一人或两人排成一行,行进间,实战姿势滑步。

要求:开始练习时重心高一些,逐渐降低重心。6~8次一组,多组重复。

(五)行进间,正向跳起空中转髋

目的:热身,提高身体灵活性。

方法:一人或两人排成一行,行进间,正向跳起空中转髋。

要求:跳得高,尽量多转动次数。5~7次一组,多组重复。

(六)行进间,左右侧滑步单腿提膝两次

目的:热身,提高身体灵活性,熟练提膝。

方法:一人或两人排成一行,行进间,实战姿势滑步接单腿连续提膝两次。

要求:滑步接提膝要快,左右交替做。6~8次一组,多组重复。

(七)行进间,左右侧滑步交替提膝两次

目的:热身,提高身体灵活性,熟练提膝。

方法:一人或两人排成一行,行进间,实战姿势滑步接左右腿交替连续提膝两次。

第八章 提高跆拳道运动技能的方法

要求:滑步接提膝要快。左右交替做。5~7次一组,多组重复。

(八)行进间,左右360°转体

目的:热身,提高身体灵活性。
方法:一人或两人排成一行,行进间,左右360度转体。
要求:跳的不要太高,转体要快。6~8次一组,多组重复。

(九)行进间,后腿横踢动作左右交替空击练习

目的:热身,拉伸肌肉,活动关节,体会并熟练后腿横踢技术动作。
方法:一人或两人排成一行,行进间,练习后腿横踢动作。
要求:开始练习时动作要慢。5~7次一组,多组重复。

(十)行进间,前腿横踢动作空击练习

目的:热身,拉伸肌肉,活动关节,体会并熟练前腿横踢技术动作。
方法:一人或两人排成一行,行进间,练习前腿横踢动作。
要求:开始练习时动作要慢。6~8次一组,多组重复。

四、实战练习法

实战是在训练中与同伴配对,两个人都穿好护具,包括穿好护臂、护腿、护裆、护头等,按照跆拳道竞赛规则进行练习,在实战中提高自己的训练水平。

(一)男女配对实战

目的:主要是提高女运动员的技战术水平
方法:两人实战,男运动员可以适当配合,女运动员应尽全力进攻。

要求:男运动员可以多练高难动作和击打头部动作。

(二)拉长时间实战

目的:提高练习者在体力下降的情况下连续作战的能力
方法:两人实战,如正式比赛时间是 2 分钟一局,而实战要求 5 分钟、9 分钟一局。
要求:双方都要多主动进攻。

(三)缩短时间实战

目的:提高练习者有效击打的能力。
方法:两人实战,如正式比赛时间是 2 分钟一局,而实战要求 30 秒一局,中间休息 10 秒钟,或一分钟一局,多次换不同的对手实战。
要求:双方都要多主动进攻。

(四)不同级别配对实战

目的:主要是提高练习者适应不同的选手方法:两人实战,级别不同。
要求:级别不能相差太多,一般在两个级别之内。

(五)车轮战

目的:提高练习者在体力下降的情况下连续作战的能力
方法:两人实战,一人连续实战,如一局 2 分钟,打完一局,配对者下场休息,再换另一个人继续实战。
要求:配对者要多主动进攻,尽量不要让主练者有休息的机会。

参考文献

[1]刘卫军.跆拳道[M].北京:高等教育出版社,2004.

[2]李万友.现代跆拳道实用教程[M].北京:北京理工大学出版社,2013.

[3]杜七一.现代跆拳道教程[M].武汉:湖北科学技术出版社,2007.

[4]魏全斌.跆拳道[M].北京:北京师范大学出版社,2014.

[5]李伟.跆拳道教学理论与实践[M].合肥:安徽人民出版社,2009.

[6]赵光圣.跆拳道运动教程[M].北京:高等教育出版社,2015.

[7]陈立人.现代跆拳道训练方法[M].北京:北京体育大学出版社,2004.

[8]国家体育总局职业技能鉴定指导中心.跆拳道[M].北京:高等教育出版社,2010.

[9]刘卫军.跆拳道[M].北京:北京体育大学出版社,2000.

[10]张岩.高校跆拳道竞技教程[M].北京:旅游教育出版社,2017.

[11]饶英.跆拳道理论与实践研究[M].北京:人民日报出版社,2017.

[12]孙茂君主编.跆拳道[M].北京:北京体育大学出版社,2016.

[13]杜七一.跆拳道实用教程[M].武汉:湖北科学技术出版

社,2016.

[14]王大庆.跆拳道[M].杭州:浙江大学出版社,2016.

[15]马波.跆拳道技能训练[M].北京:中国书籍出版社,2016.

[16]张桂林,李志清,张腊梅.武术、跆拳道、舞龙与舞狮[M].西安:西安电子科技大学出版社,2016.

[17]黄生勇,郭鹏举."十三五"体育俱乐部系列丛书——跆拳道[M].西安:西安电子科技大学出版社,2015.

[18]林大参,李玉清,吴建忠.大学跆拳道[M].上海:上海大学出版社,2015.

[19]张岩.高校跆拳道品势教程[M].北京:旅游教育出版社,2015.

[20]梁燕飞,侯邢晨,屠建华.跆拳道、散手及自卫防身术[M].北京:清华大学出版社,2015.

[21]金基喆.跆拳道专业教程[M].保定:河北大学出版社,2013.

[22]李兵,郭立亚.跆拳道[M].重庆:西南师范大学出版社,2013.

[23]毕霍龙,高阳,徐晓东.跆拳道[M].哈尔滨:哈尔滨地图出版社,2009.

[24]曾于久.竞技跆拳道训练[M].北京:人民体育出版社,2014.

[25]陈筑,汪爱平,杨庆辞.跆拳道[M].北京:北京师范大学出版社,2011.

[26]盛文林.跆拳道——脚上的艺术[M].北京:台海出版社,2014.

[27]陈占奎,张秀兵.跆拳道入门与提高[M].北京:金盾出版社,2012.

[28]尚迎秋.跆拳道技巧[M].北京:中国社会文献出版社,2008.